笑顔の習慣34

仕事と趣味と僕と野球

山本昌 著

内外出版社

装幀・本文デザイン　志村正人（REVEL 46）
ＤＴＰ　野口佳大
写真撮影　土屋幸一
構成　熊崎敬

はじめに

2015年を最後に中日ドラゴンズのユニフォームを脱いだぼくは、セカンドキャリアの2年目をようやく終えた。

なにしろ、32年もプロ野球選手をやってきたのだ。現役生活があまりにも長かったせいか、野球をしない人生なんてまったく想像することができなかった。もう、あの厳しい練習をしなくていいんだという安堵感もあったが、それより不安が次々と湧き上がってくる。

自分に解説者が務まるのだろうか。

講演の話が来るのはありがたいけれど、自分のトークを喜んで聞いてくれる人なんて果たしているのだろうか。

キャリアの晩年は「50歳のアスリート」として注目されたが、ユニフォームを脱いだらただの人。あっという間に忘れ去られてしまうんじゃないか。忘れ去られてしまったら、日々なにをして過ごせばいいのだろう……。

元々、マイナス思考が強いこともあって、セカンドキャリアは不安だらけの立ち上がりとなった。

でもおかげさまで、なんとかやっています。

セカンドキャリアで始めた仕事は、もちろんすべて初めての経験。不安は尽きないし、失敗することだってある。それでもぼくが充実した日々を過ごせているのは、50歳を過ぎて新しいチャレンジができているからだと思う。慣れないことをやっているから、上手くできたときの喜びもまた大きい。たぶん、そういうことなのだ。

そんなことを考えているうちに、ふと思った。

ぼくがいましている経験は、セカンドキャリアを迎えた、もしくはこれから迎えようとしているみなさんにとって、ちょっとしたヒントになるかもしれない。

というわけで、またまたチャレンジをしてみた。本を書いてみたのだ。

ぼくの周りの仲間たちは、嬉しいことに「昌さんは笑顔がいい」といってくれる。自分ではそんなつもりはないのだが、日々笑って過ごしていられるのなら、それはとてもいいことだろう。

現役時代もそうだったように、悪戦苦闘しながら一瞬一瞬を楽しむ。そんなぼくの姿を見て、ちょっとでも笑っていただければ、それだけで十分だ。

2017年12月

山本　昌

笑顔の習慣34
仕事と趣味と僕と野球

CONTENTS

CONTENTS

00

「自分の言葉で」

引退直後、日本テレビの報道番組「NEWS ZERO」の野球解説者に起用された。任されたのは5分間のスポーツコーナー。そこで巨人戦を中心にプロ野球を伝えるのが、ぼくの役目だ。

収録日、球場での解説や講演会といった他の仕事がないときは、決まって夕方6時前に日本テレビの報道局に顔を出す。

収録が始まるのは夜11時。では、それまでの5時間、いったいなにをしているのか。答えはひとつ。ひたすら野球中継に見入るのだ。報道局というのはよくできていて、その日に行なわれるすべての試合を並んだモニターで一度に見ることができる。

この習慣を話すと大抵、次のような反応が返ってくる。

「え？　全試合プレイボールからゲームセットまで見るんですか？　そこまでしなくてもいいじゃないですか」

仕事はプロ野球を伝えることだから、その日の試合に目を通すのは当たり前。もちろん好きでやっている。だが業界関係者によると、どうやらこれは当たり前ではないらしい。

ZEROには仕事への意欲と野球への愛情に満ちた優秀な制作スタッフが揃っていて、彼らがあらかじめポイントとなるプレーの映像をまとめ、ぼくのセリフも仕上げてくれる。

こうした素材が出揃ったところで顔を出し、「じゃあ、今日はこんな感じで」と軽く打ち合わせをして本番に臨めば、恐らく問題はないだろう。効率もいい。でもぼくは、それをしない。なぜか。理由はひとつ、自分の言葉で伝えたいからだ。

「こういうシーンが流れるので、こんなことをいってください」

そうした要望に素直に応えるのは、用意された言葉をなぞっているだけ。これでは自分の言葉で野球を伝えたことにはならない。

ぼくは解説者という立場を超えて、積極的に番組作りにかかわっている。すべての試合をモニターでチェックして、その間、入れ代わり立ち代わり顔を出すスタッフと談笑しながら、自分なりの野球の見方を伝える。VTRや台本を作るときも意見を述べる。

義務感に駆られてやっているのではない。だれかが考えた言葉を話していると、借りもののユニフォームを着ているようで居心地が悪いのだ。「しっくりこないなあ……」と思ってしゃべる言葉は、視聴者の心に深く響かないだろう。

自分の言葉で伝えることへの強い欲求は、ぼくの性分なんだと思う。若いころから「基本ってなんだ？」「身体ってどんな仕組みになってるんだ？」とベーシックなところを徹底して掘り下げ、自分の頭で理解しなければ気が済まなかった。野球をする側から語る側へと立場は変わったが、性格が変わったわけではない。

もうひとつ。ZEROでは、カンペを見ないように心がけている。

自分の言葉でしゃべるにしても、書いたものを見ながら読むと、伝えるというより読まされることになるからだ。

いまの世の中、大抵のことはテレビやネットに目を通せば、もっともらしい答えをすぐに見つけ出すことができる。仮にそれが正しいものであっても、ぼくは頼りたくはない。「自分で考える」という行為を飛ばして得た言葉は、薄っぺらいものになりがちだ。これに慣れると、やがて考えること自体が億劫になるだろう。

自分の言葉で、ということ以外にも、ZEROで注意していることがある。それはわかりやすく、面白くということ。ZEROは報道番組であり、スポーツコーナーといっても野球に興味がない視聴者がたくさん見ている。この前提を肝に銘じて、いつも収録に臨んでいる。

野球好きにも面白く、野球を知らない人にも面白く。

どちらも大切なことだが、この番組で意識しているのは、どちらかというと後者だ。

ZEROでしゃべるとき、メインキャスターである村尾信尚さんの反応が見える。野球にそれほど詳しくない村尾さんが「なるほど」という表情をしていると、ぼくの言葉は(恐らくきっと)野球を知らない視聴者にもちゃんと伝わっているということ。反対に「ん?」という表情になっていたら、反省の余地ありだ。村尾さんの存在は、ぼくの技量の向上につながっている。知らない人がいるということは、むしろありがたい。

ZEROの解説者として理想とする形がある。それはぼくの話をきっかけに、野球を知らない人がこのゲームの虜になるということ。そういう人がチケットを買って球場に行ったり、キャッチボールをするようになって、周りの人を巻き込んでいく。そんなサイクルが生まれたら、どんなに幸せだろう。

野球人口の減少が叫ばれるいま、求められているのはファンを増やす解説だと思う。

ひとつの世界に長くいると、無意識のうちに難しい言葉で物事を語る癖が染みついてしまう。だが難解な言葉は往々にして、素人に距離を感じさせてしまう。これは気をつけなければならない。

自分の言葉で、だれにでもわかりやすく面白く。

これは野球に限らず大切なこと。味方や理解者を増やそうと思ったら、なおさらだ。

01

「笑顔」

プロ野球選手をやめて解説者となり、ぼくはいま、とある小さな事務所に所属している。

所属タレントはぼくと、ドラゴンズ時代の相棒ジャイこと山﨑武司。以上、たったのふたり。スタッフというとこちらもふたりで、社長と若いマネージャーだけ。4人で東奔西走、試行錯誤、叱咤激励を繰り返している。

この事務所でお世話になるにあたって、社長はぼくにこんな話をした。

「私は、昌さんが楽しんでいるところをみなさんに見てほしいと思っています。昌さんの笑顔は、周りの人を明るくする力があると思うんですよ」

「あれしろ、これしろ、たくさん稼げ」といって尻を叩かれるのかと思いきや、「楽しんで笑顔を見せよう」。ちょっと意外で印象に残った。

この言葉をきっかけに、ぼくは笑顔について初めて考えてみた。

プロ野球選手をやっていた32年間は、笑顔が少なかったような気がする。一級品の決め球がないから、それなりに勝っているときでも、打ち込まれる恐怖がいつもつきまとっていた。

ただ、この本を書くにあたって、周りの人たちに話を聞くと、どうやら

「笑顔」はぼくのトレードマークらしい。ぼくにしてみれば、いつも笑っているつもりはないが、ぼくの笑顔を褒めてくださるのだ。

思い当たる節がないわけではない。試合や練習はつらかったが、野球選手でいることはこの上ない幸せだった。しんどい練習も仲間たちとゲームのように楽しみながら乗り切ってきた。野球以外のところでも、素直に好きなことをやって生きてきた。考えてみれば、ぼくはいつだって楽しんできた。それがよかったのかもしれない。

あるとき新聞記事を読んで、なるほどと思ったことがある。そこには「自分の顔は自分がいちばん知らない」と書かれていた。その先は忘れてしまったが、たしかにその通りだ。自分がいつもどんな顔をしているのか、自分がいちばんわかっていない。

ただ、このときに思ったことがある。それは自分の顔つきを、周りの人が気づかせてくれるということだ。「あなた、笑顔ですね」とか「怒ってますね」といった言葉ではなく、表情で伝えてくれる。

表情は連鎖する。いま、自分と付き合っている目の前の人が楽しそうにしていたら、それは自分がいい表情をしているということだろう。相手が怒っていたら、自分の顔もきっとこわばっているだろう。笑顔のあるところには笑顔が広がり、しかめっ面のあるところにはしかめっ面が広がっていく。

限られた人生、どうせなら笑顔が絶えない場所にいたい。

そう思ったら、セカンドキャリアでも自分の役目はひとつしかないような気がしてきた。いままでそうしてきたように、自分の好きなことをやって、みんなに喜んでもらう。あれ？　どこかで聞いた言葉じゃないか。

好きなことを楽しんでやる、ちょっと大変なことでもその中に喜びを見出して泥くさくがんばる。そして上手くいってもいかなくても、ありのままの姿をみなさんに見てもらう。

「勇気を与える」なんて、おこがましくて口が裂けてもいわない。ただ、「ああ、昌は笑顔でがんばっているなあ」と思ってもらえたら、ぼくの笑顔を見て笑ってもらえたら、とても嬉しい。

02

「解説」

セカンドキャリアも3年目を迎え、不安だらけだった解説業も徐々に板についてきたようだ。最近では解説ブースで、野球の魅力を伝える面白さを噛みしめている。まだまだひよっことはいえ、周りを見る余裕が出てきたのかもしれない。

解説者は奥深いところに潜む勝負の綾《あや》を、限られた時間の中でわかりやすく視聴者に伝えなければならない。これは決して簡単ではないが、腕の見せどころでもある。

例えば2016年10月、ぼくは日本ハムファイターズと広島カープの日本シリーズを取材する機会に恵まれた。

伸び盛りの若いチーム同士が激突したシリーズは第5戦を終えて、ファイターズの3勝2敗。10年ぶりの日本一に王手をかけた。ここで焦点となったのが、第6戦の先発投手である。エースの大谷翔平を立てるのか、それとも別の投手で行くのか。

他局のスポーツニュースを見ると、ほとんどの解説者が大谷を予想していた。王手をかけた以上、もっとも信頼できる大谷で一気に決めに行くはずだ、というのが大方の論調だった。

だがその夜、「NEWS ZERO」に出演したぼくは次のように明言した。

「明日は大谷ではないと思います」

あえて逆張りをしたわけではない。シリーズ全試合を現場取材する中で、ぼくはしばしばファイターズの栗山英樹監督と立ち話をしていた。大勢の記者がいる囲み取材をチェックするのはもちろんのこと、練習後にひとりで引き上げてくるところで声をかけ、わずかな時間でも1対1で聞きたいことをぶつけていたのだ。

ちょっとしたやり取りを重ねる中で、ぼくには栗山監督の思考が次第に見えてくるようになった。そこで出した結論が《大谷の二段構え》というものだ。

第1戦に先発した大谷は、その後も打者として出場しているから疲れが溜まっているはずだ。だから第6戦の先発は回避して、休養十分の第7戦の先発に回すだろう。ただ第6戦が勝ちパターンになれば、ロングリリーフ、もしくは抑えもありうる——。

果たして、ぼくの見立ては当たっていた。ファイターズは大谷をベンチに温存し、先発にルーキーの加藤貴之を送り出したのだ。結果的にファイターズはこの試合を制し、10年ぶり3度目の日本一に輝いた。

もちろん、これをもって「ぼくの予想すごいでしょ」と自慢したいわけではない。当たり外れは結果論。それよりもぼくが伝えたいのは、結果を推測する過程の面白さだ。

シリーズや試合の流れ、チームと選手個々の状況、そうしたいくつもの要素を考えて、ひとつの結論を出す。この考える作業の面白さを、みなさんと分かち合いたいのだ。

野球で生計を立てているぼくとしては、自分の解説を通じて、ひとりでも多くの人が野球を好きになってほしいという思いがある。野球ファンが減ってしまったら、ぼくも大好きな野球に携わることができなくなってしまうからだ。

そう考えたときに視聴者のみなさんに訴えられるのは、野球を考えることの面白さだと思う。

投手と打者の1対1の対決が繰り返される野球には、いくつもの分岐点がある。そして投球間、イニング間には間合いがある。こういう間合いを生かして、推理小説を読むような気分で視聴者と一緒にゲームを考えていきたいのだ。

「次はどんな球種で勝負しますか？」

「ピッチャーの代えどきでしょうか？」

「ここはバントで送りますか？」

試合では実況のアナウンサーから、次々と意見を求められる。そうしたとき、ぼくは自分なりの答えを出して、限られた時間の中で視聴者に伝わる形で理由を述べることを心がけている。

「投手は代えると思います、なぜなら……」

解説者が先を読んだコメントをすることで、視聴者は「どうなるんだ？」と、より試合に惹きつけられると思うからだ。それが当たれば当たり、外れたら「なるほど、こういう考えもあるのか」と感想戦をすればいいだけのこと。

「ああ、昌さん外しちゃったなあ」

そう思っていただいても構いません。その方が、見ている人もゲームを楽しんでいることになると思うから。

「ぼくはこう思います。なぜなら……」

いつもはっきりとわかりやすく。そういう解説を続けていきたい。

03

「講演会」

セカンドキャリアを始めるにあたって、ぼくが所属事務所の仲間たちに宣言したことがある。それは講演会は絶対にやらないということだ。

「講演の仕事は取ってきちゃダメだよ。ぼくは絶対にやらないからね」

何度も念を押していた。

引退したプロ野球選手が、よく講演会をやっているのは知っている。でも、自分にできるとは思えなかったのだ。

現役時代は取材相手から、「昌さんは話が上手ですね」と褒めてもらうことが何度もあった。だがそれは、聞かれたことに対して一生懸命答えていただけ。取材と講演会は全然違う。講演会は1時間以上、自分ひとりでしゃべらなければならない。貴重な時間とお金を割いて会場に足を運んでくれたお客さんを、しゃべりひとつで満足させられるとは到底思えなかったのだ。

ところが引退直後、その苦手な講演会をやる羽目になった。マネージャーが約束を破ったのではない。長年、お世話になった中日新聞の社長に、面と向かって頼まれてしまったのだ。さすがにこれは断れない。

本番が日に日に迫ってきて、ぼくは途方に暮れてしまった。

「いったい、なにをどうしゃべればいいんだ？」

とりあえず話の流れを決めてエピソードをノートに書き出してみたが、それで準備万端とは思えない。自分の話すことが面白いかどうかわからないし、どれくらい時間がもつかもわからない。やったことがないから、わからないことだらけなのだ。

「このままでは恥をさらすだけだ……」

切羽詰まったぼくは前夜、妻に頼んで、自宅のリビングでリハーサルをすることにした。

妻に聞き役とタイムキーパーをやってもらい、ぼくはノートをテーブルに置いてしゃべり始めた。予定時間は40分。

まず、引退の経緯をしゃべって10分が経過。ああ、これはいい調子だなと思い、そこから少年時代から高校卒業までを語って早くも30分経過。32年に及ぶプロ野球生活をしゃべり始めたところで、予定の40分を過ぎてしまった。

ペース配分は大失敗。だが、このリハーサルでぼくはむしろ自信をつけた。というのも予定の40分はオーバーしたが、自分にはそれだけのエピソードがあることがわかったからだ。当初はエピソードをすべてしゃべっても、時間が余ってしまうと思って不安に駆られていた。妻の反応も悪くなかったので、そこそこ聞いてもらえるだろうと思えた。

その夜、早速ぼくはいらない部分を削ぎ落とし、話の流れを再構成した。

「これで失敗したら、向いてないと思ってやめよう。最初で最後の講演会だ」

そう腹をくくって本番に臨んだ。

果たして、本番はまずまずの出来だった。上出来ではないが、頭が真っ白になるようなこともなく、話したいことをひと通り話すことができた。お客さんの反応を観察する余裕はなかったが、何回かは笑いを取れた気もする。講演を終えたとき、「こういう経験も悪くないな」と思った。

記念すべきセカンドキャリア初の講演会、それは最後の講演会にはならなかった。それどころかいまや解説と並ぶぼくの仕事の柱となり、講演会のために日本全国を飛び回ることになった。「死んでもやらない」と宣言したのが嘘のようだ。

講演を数多くこなすようになって思うのは、どんな経験も無駄ではないということだ。

初めての講演会をきっかけに、ぼくはノートをつけるようになった。野球を見ているときはスコアブックをつけているが、それ以外の時間、移動や食事のときでも思いついたことをノートに書き留めるようになった。

講演をするときも、毎回しゃべることを考えてノートにまとめている。というのも、お客さんはいつも同じではないからだ。企業の役員クラスの集まりのときもあれば、新入社員のときもあるし、学生のときもある。そのときどきで話の内容を変えなければならない。

この作業は話をまとめる訓練になっている。現役時代は取材をされる側だったので、聞かれたことに答えていればよかった。多少話が下手でも大目に見てもらえた。だが、引退して取材する側にもなったいまは、そうはいかない。キャンプを取材するときは選手や監督に端的に質問しなければならないし、取材した感想をわずかな時間でわかりやすくレポートしなければならないからだ。伝える仕事をするうえで、講演はものすごく役に立っている。

あのとき断らなくて本当によかったなあ……とつくづく思う。

撮影：山本昌

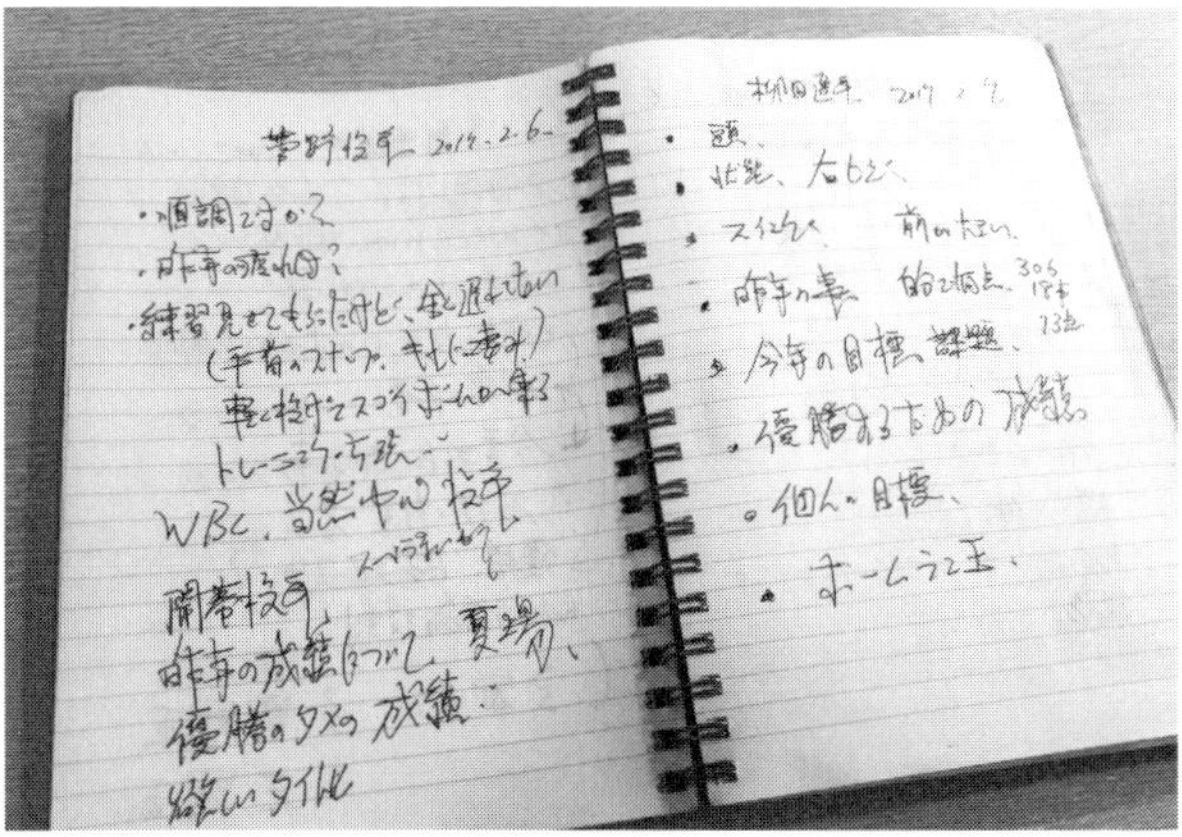

ノートに講演や取材のネタを書き留めることがぼくの新しい習慣になった。

04

「時間は限られている」

野球教室や野球をテーマにした講演会で、ぼくが最後に必ず球児たちに伝えているメッセージがある。それは「時間は限られているよ」ということだ。子どものころのぼくは、一日が永遠に続くかのように感じていた。ザリガニ捕りや草野球に明け暮れ、いつまで経っても太陽が沈まない。あの沈まない夏の夕日の感覚、わかるわかるという方は少なくないと思う。

子どものころの日々は（感覚的に）とても長い。だが野球に限定すれば、実はそうでもない。だからぼくは子どもたちに、こういい聞かせている。「将来、プロ野球選手になりたいのなら、のんびりしている時間はないんだよ」

例えばだ。小学3年生から、本格的に野球を始めたとしよう。まだ8歳。高校を卒業するまで10年もある。たっぷり時間は残されている、と思うかもしれない。だが大人になるとわかるのだが、10年なんてあっという間だ。

加えて、野球で身を立てようと思ったら、ある程度強い中学や高校、クラブチームでプレーする方がいい。そう考えると中学を卒業するまでの7年間で、ある程度の結果を出さなければならないということになる。野球は楽しんでこそ上達するが、「意外と時間はないいんだぞ」ということは頭の片隅に置いてほしいのだ。これは遠い昔に少年時代を過ごした、おじさんからのアドバイス。もちろん子どものころ、そんなことを考えたことはなかったけれど。

本人が思っているほど、実は時間は残されていない。

このことはセカンドキャリアを迎えた、ぼくやみなさんにも当てはまるかもしれない。

長年勤めた会社を定年退職したら、ぽっかり時間があいてしまった。そんな人は少なくないだろう。朝早く起きる必要はなくなり、満員電車や渋滞に巻き込まれてイライラすることもない。ゆったりと日々を過ごすことができるのは、とてもいいことだ。

ただ、「第二の人生、もうひと花」と考えている人は、焦る必要はないものの、「時間は意外とないんだぞ」ということを頭の片隅に置いておくといいと思う。物事を始めるのに遅すぎるということはないが、ぼんやりしているとあっという間に時間は過ぎ去っていく。

ぼくたちプロ野球選手は、一般の方々よりセカンドキャリアがかなり早くやって来る。近年、選手寿命は延びているが、多くは30代でユニフォームを脱ぐことになる。ぼくは幸い、50歳まで現役を続けられたが、仲間より遅く始まったセカンドキャリアはのんびりもしていられない。まだまだ働かなければならないし、そもそもぼんやりしていられない性分だからだ。

少年老い易く学成り難し。

昔の人は、よくいったものだ。昆虫採集や野球に明け暮れた子どものころはピンとこなかったが、50歳を過ぎたいまでは身に沁みてわかる。時間がないことを経験として知っている。それは年配の大きな強みではないだろうか。

セカンドキャリアに突入して、仕事のすべてが変わった。野球解説、講演会、野球教室、レポーター……。

なにもかもがゼロからの出発。でも、初心者だからといって大目に見てもらえるほど甘くはない。だからぼくは、「意外と時間はないんだぞ」と言い聞かせて新しい仕事に取り組んでいる。

05

「やるべきことを」

昨年の春、巨人のキャンプで菅野智之投手と雑談する機会があった。

菅野投手の表情は、いまひとつ冴えなかった。

「いいピッチングをしても、なかなか勝てなくて……」

名実ともに巨人のエース。入団1年目から13勝6敗、12勝5敗と順調に勝ち星を積み上げてきたが、3年目は10勝11敗、4年目は9勝6敗と伸び悩んだ。とはいえ、この間の防御率は1・91、2・01。悪くないどころか、非の打ちどころがない。15勝していても不思議ではない数字だ。ただ、いい投球をしながら勝てないのだから、悩みは深い。このつらさは痛いほどわかる。

このときぼくは、こういって菅野投手を励ました。

「投球そのものは問題ないから、なにも変える必要はないよ。いつものように投げることを考えればいい。そのうち流れが変わって、打線も打ってくれるようになるはずだから」

気休めではない。

野球はチームスポーツ、しかも敵がいる。自分が好投しても、相手投手がそれ以上の投球をすることがあるし、味方が打たなかったり、エラーをしたり、中継ぎや抑えの投手が打たれることだってある。先発投手の出来は勝敗を大きく左右するが、だからといって先発投手が好投しても勝てるとは限らないのが野球の難しいところだ。

つまり、野球はひとりの力では勝てない。ぼくはそう割り切って、自分の仕事に専念した。

ぼくだって人の子。味方にタイムリーエラーが出たりすると、「痛いな」と思ったことはある。ただ、一喜一憂しないように努めていた。

野球にはミスがつきもの。味方のミスに引っ張られて、自分の仕事が疎かになっては元も子もないからだ。考えてみれば、自分も四球を出したり、真ん中に投げて一発を浴びたりとミスを犯しているのだ。それに忘れちゃいけないことがある。味方の打撃やファインプレーで、どれだけ助けてもらったことか。

野球である限り、ミスは出る。ミスをするのはお互いさま。それならまずは、自分の仕事に集中するべきなのだ。当たり前に聞こえるかもしれないが、これ以上の勝利への近道はないと思う。

ここで先発投手が勝つための条件を考えてみたい。

「クオリティ・スタート（QS）」という言葉、みなさんはご存知だろうか。これはアメリカ生まれの言葉で、「6回を自責点3以下」で抑えれば合格ということ。10試合に先発して7試合でクリアすれば、QS率7割となる。中4日という登板間隔と100球という球数制限が確立された、メジャーリーグらしい発想だ。

つまりメジャーリーグでは、先発投手は6回を自責点3以下に抑えれば仕事をしたとみなされる。ただ、この発想をそのまま日本に持ち込むことはできない。登板間隔や球数制限がアメリカとは異なるからだ。

ぼくが提唱するのは、「QSプラスワン」という考え方だ。つまりイニングをひとつ長く、逆に失点はひとつ少なくして7回2失点。これをクリアできれば、先発投手は7割方、勝ち星を手にすることができる。

野球にはミスがつきもの、運不運がつきまとう、と先に書いた。ただ同時に、野球は確率のスポーツでもある。

レギュラーシーズン143試合でローテーションを守れば、先発投手は年間26試合ほどマウンドに立つ。そして登板機会が増えれば増えるほど、結果は内容に見合うものになる。菅野投手に「いつものように投げればいい」とアドバイスしたのは、そういうことだ。

責任感が強いせいか、3、4年目の菅野投手は「気負いすぎる」ところが目についた。好投しても勝てない試合が続くと、マウンドで気負いが出てしまう。「1点もやれない」という強迫観念が働き、投球が狭くなる危険もある。

加えて先発投手の心理状態は、よくも悪くもチームに影響を与えるものだ。投手の背中に悲壮感が漂っていると、野手も「絶対に打たなければ」「なんとか守り切らなければ」と気負ってしまい、いつもの打撃や守備ができなくなる。

こうしたリスクは、投手が気をつけることで、ある程度は回避できるものだ。そう思って、ぼくは淡々と投げるようにしていた。

さて、巡り合わせの悪かった2シーズンを経て、2017年の菅野投手は申し分のないピッチングを見せた。

25試合に先発して防御率1・59、17勝5敗。最優秀防御率、最多勝の2冠に輝いた。6完投4完封もリーグトップだ。チームがクライマックスシリーズ進出を逃したため手放しで喜べないと思うが、菅野投手個人としては文句のつけようのないシーズンとなった。

周りに左右されず、まずは自分のやるべきことをしっかりとやる。こういう姿勢を貫けば、やがて流れはよくなるものだ。自分の仕事ができずに苦しんでいるとき、周りが助けてくれたりする。

このぼくがいうのだから間違いない。

32年間のプロ生活で、ぼくは3度も最多勝のタイトルを獲らせてもらった。獲らせてもらったというのは、謙遜ではない。3度のうち2度は、文字通り獲らせてもらったに等しいからだ。

前年に続く最多勝に輝いた1994年はしかし、開幕から一向に調子が上がらなかった。防御率4点台が、なかなか切れない。それでも勝ち星は順調に増えていった。打線が助けてくれたからだ。おかげでオールスターまでに10勝をクリア。最終的に防御率は3・49に落ち着いたが、この数字でタイトルが獲れたのはラッキーとしかいいようがない。

97年の3度目の最多勝も幸運の産物だった。この年のドラゴンズは最下位で、チーム打率もリーグ最下位と振るわなかった。ところが、その湿った打線がぼくが投げるときに限って不思議と打ってくれたのだ。それはチーム成績に左右されず、自分の仕事に丁寧に取り組んだ自分へのご褒美だったと考えている。

投手タイトル受賞者の多くは、打撃タイトルに比べて上位チームから生まれる傾向がある。最下位チームから最多勝投手が出たのは過去8例、その中のひとりがぼくだった。ちょっとした〝怪挙〟である。パ・リーグでは98年、千葉ロッテマリーンズの黒木知宏さん以降、実に19年も出ていない。

プロ野球は結果がすべて、といわれる。しかし、結果に縛られてはいけない。しっかりとした過程を踏んでいても、結果が出ないことはある。そんなときに気持ちが乱れ、過程が壊れたら、内容も崩れていくことになるからだ。内容が崩れたら、結果はまず出ない。

野球がそうであるように、人生にも運不運はある。運不運だらけといって

もよく、やるべきことをやっていても結果が出ないときはある。そんなとき
こそ心を落ち着けて、やるべきことを淡々とやる。これが結果を呼び込む近
道だと思う。

06

「視野を変える」

「こんなに長く現役をやったんですから、もう野球についてわからないことなんてないでしょう」

引退後、そんなふうにいわれることがある。

いやいや、そんなことはない。むしろ引退後、新たな発見が次々と出てきて、野球がまた面白くなってきたくらいだ。

解説者に転身した元プロ野球選手は、よく次のように語る。

「これからはバックネット裏から野球を勉強し直します」

このバックネット裏から見る野球というのが、とても面白い。現役時代はマウンドからバックネット裏を向いていることが多かったが、それが180度逆転したので野球が新鮮になったのだ。バックネット裏の放送ブースから試合を見るたびに、「ぼくはまだ、野球のことがわかっていなかったんだ！」と嬉しい悲鳴を上げている。

発見が多いのは、例えば守備隊形だ。

試合が終盤に差しかかり、1点の重みが増してくると、「こんなに動くのか」というくらい内外野のポジションが変わる。アウトカウントだけではなく、ストライク・ボールのカウントひとつで、外野が大きく出てきたり、下がったりする。このポジショニングの変化を見ているだけでも面白い。

もちろん、現役時代もポジションが動いていることは知っていた。だが、「ああ、前に出てきたな」と思う程度。これほど大胆に変化しているとは思わなかったのだ。

対象は同じでも、見る角度を変えることで印象は大きく変わる。この話を書いていて思い出すのが、知り合いのサッカーライターの話だ。

「長くサッカーを見ていると、いくら好きでもマンネリになることがあるんですよ」

そんなとき、彼は文字通り視野を変えるのだという。

いつも座っているメインスタンドの記者席を離れて、熱心なサポーターたちがいるゴール裏から試合を観るのだ。そうするとピッチの幅が意外と広いという発見があり、その幅をどうやって攻め、守るのか、その駆け引きが手に取るようにわかってサッカーがまた面白く見られるという。

視野を変えることは、マンネリ打破の有効な手段だと思う。

勉強はすぐに飽きてしまうのに、ゲームになると時間が経つのも忘れてのめり込む。そんな子どもは少なくないだろう。飽きずにゲームを続けられるのは、ゲームが面白いから。面白ければ当然、上達も早い。

このサイクルを逆転させると、どうなるか。

面白くないから飽きる。飽きてやめる。やらなければ上達しない——。

仕事も勉強もスポーツもすぐに飽きてしまうようでは、成果はなかなか上がらないものだ。しかし、仕事や勉強はやめるわけにいかないから、中途半端に続けてしまう。これでは成果が上がらず、時間の無駄だ。

少しでもいい。マンネリに陥ったら、視野を変えてみることが大切だ。視野とはアプローチ、発想と言い換えてもいい。いろんな見方ができるようになったら、その複眼は大きな武器になると思う。

07

「ラジコンが教えてくれたこと」

山本昌といえばラジコン。みなさんには、そんなイメージがあると思う。もっとも現役生活の晩年は、大好きな野球に打ち込むためにラジコン断ちをしていた。ベテランになって身体のメンテナンスに時間がかかるようになったのだから、趣味に時間を割いている余裕はない。だが2年前にユニフォームを脱いだことで、ふたたびサーキットに通う生活が始まった。

ぼくにはオオクワガタの飼育や車といった趣味もあるが、これらと違ってラジコンは趣味を超越した趣味といっても過言ではない。というのも、ラジコンとの出会いがなかったら、ぼくがプロ野球選手として大成することはなかったからだ。

ラジコンとの出会いは、1995年に遡る。

2年連続最多勝に輝いた94年から一転、このシーズンは2勝5敗と成績が大きく落ち込んだ。勤続疲労から左ひじ、左ひざを故障。二軍での調整が長く続いた。ラジコンと出会ったのは、そんなリハビリ期間のことだった。

暇を持て余して近所を散歩していたぼくは、ラジコンサーキットを見つけて何気なく立ち寄った。すると「あ、昌さんだ」と愛好家たちから声をかけられ、「やってみませんか?」と誘われた。それがラジコンとの付き合いの始まりだった。

最初は、鬱々《うつうつ》としたリハビリ生活の気分転換のつもりだった。だが、ぼくは瞬く間にラジコンの世界にのめり込んでいった。ラジコンそのものの面白さに魅了されたのはもちろんのこと、サーキットに集う上級者たちの姿勢に深く感銘を受けたからだ。

ラジコンの上級者たちは、だれもが「ラジコンノート」をつけていた。それも湿度が何%のときのタイム、車高が何ミリのときのタイムなど、ここまでやるのかと呆れるくらい詳細なデータを記録しているのだ。

なんという意識の高さだ! ぼくは素直に感動した。

念のためにいうと、ラジコンの愛好家たちはプロフェッショナルではない。アマチュアである。レースに勝ったところで大金が手に入るわけではなく、テレビや新聞で大きく取り上げられるわけでもない。にもかかわらず、コンマ1秒を短縮するために、彼らは日夜、求道者のように没頭するのだ。

そんな彼らの姿勢に感動したぼくは、待てよ? と思った。

「アマチュアの彼らと違って、ぼくは野球のプロだ。ちょっと勝ち星が増えるだけで、年俸が大きく跳ね上がる。そんな恵まれた立場にいるというのに、彼らほど深く野球を突きつめていないじゃないか。こんなことでプロといえるのか？」

それまでも、ぼくはプロ野球選手として真摯に野球に向き合ってきた。だが、それは「向き合っているつもり」でしかなかった。ラジコンの上級者たちは、そのことを教えてくれた。このときから、ぼくの姿勢は変わった。もうひとつ上のレベルで野球に向き合うようになったのだ。正真正銘のプロになったといってもいい。

このエピソードが物語るのは、異なる世界の一流を知ることの大切さだ。ひとつの世界に長くいると、目に入ってくるのは身近な人たちばかり。プロ野球界だから超一流がいるとはいえ、そのことが当たり前になってしまい、刺激が薄れてしまう。マンネリだ。

この停滞を打破するには、たまには自分の世界を飛び出して違う視点で物事を見ること。これに勝るものはないと思う。実際に知らない世界の一流と接するというだけでなく、視野を変えてみるだけでも意味はある。ぼくがラジコン名人から刺激を受けたように、世の中は自分が思っているよりも広く、その中にはたくさんの見習うべき人々がいるからだ。

撮影：土屋幸一

ラジコンとの出会いがなければ、いまの「山本昌」は存在しなかった。

08

「楽しくてこそ」

「息子をプロ野球選手にしたいのですが、どんな指導をしたらいいですか」

野球教室や講演会に行くたびに、野球少年の子どもを持つ親御さんから、こんなふうに尋ねられる。

プロ野球選手になれるのは、1年間に100人前後。東大入試に合格するより圧倒的に狭き門だ。これくらいの確率になると、実力はもちろんのこと、運も多分に必要になってくる。そして忘れてはならないのが、プロ野球選手になれたからといって、それがゴールではないということ。プロ野球選手になることだけがすべて、という価値観に縛られるのは危険なことだ。

ぼくが野球を始めたのは、小学校2年生くらいのこと。くらい、というのは当時、試合はやらなくても遊びでボールを投げたり打ったりすることが当たり前だったからだ。男の子は、ほとんどが野球をやって遊んでいた。

ちなみに幼稚園児のころから、ぼくは大器の片鱗をのぞかせていたらしい。聞くところによると、ボール投げでぼくの投げたボールが園庭の柵を越え、通りまで届いたという。生まれつき、肩が強かったのだろう。知られざる昌伝説だ。

ぼくが幼少期を過ごした横浜市は野球が盛んで、小学4年生くらいになると自主的に放課後、クラス対抗戦が繰り広げられていた。団地の棟の間に何面も芝生のグラウンドがあり、そこに集まって試合をするのだ。

試合をすると、だれかが大きいのを打って必ずガラスを割っていた。おおらかな時代で、大目玉を食らうこともなかった。ガラス自体も安く、1枚100円とか150円程度。みんなで10円玉を出し合えば弁償できた。一度、6千円もする高価なガラスを割ったときは真っ青になったけれど。

子どものころの野球の思い出はたくさんあって、夏休みになると早朝、必ず父がキャッチボールに付き合ってくれた。キャッチボールでひと汗かいたあとに、ラジオ体操に向かうのだ。

そうそう、小学5年生のころには「日米野球」も経験した。

あるとき、クワガタが捕れる雑木林の金網の向こうに、4面もある立派な野球場が見つかった。それは当時、本牧にあった米軍キャンプの野球場。これはいい！　ぼくたちは破れた金網の穴を見つけて勝手に侵入し、その球場で遊ぶようになった。

だが、楽しい日々は長く続かない。数日後にはあっさり見つかり、あろうことか米軍キャンプに住む子どもたちとケンカになった。ぼくらは5年生、向こうは6年生。これは勝ち目がないと思って逃げ出したが、運悪く仲間のひとりが捕まり、人質になってしまった。仕方なく人質救出に出向いたところ、米軍スタッフの提案で野球の試合で決着をつけようということになった。ドラマのような展開である。

軟式球に親しんでいたぼくらにとって、それは初めての硬式球でのゲームとなった。アメリカ人はこんな年齢で、もう硬式でやっているのかと感心したことを憶えている。

さて、肝心の試合は意外にもぼくらが快勝した。先発を任されたぼくのカーブが面白いように決まったのだ。クルクルとバットが空を切り、バンバン三振が取れて最高の気分だった。

少年時代の野球を振り返って気づくのは、とにかく野球が楽しかったということだ。だれかに強要されて野球をした記憶はない。熱烈なドラゴンズファンの父は、小中学生時代、息子が控えだったというのに週末の試合にはいつも顔を出してくれて、キャッチボールの相手も喜んで務めてくれた。

子どもが野球を心底楽しみ、親が陰ながら子どもを応援する。

自画自賛するわけではないが、この山本家の親子関係はひとつの理想かもしれない。

野球に限らず、子どもがなにかを上達するために欠かせない要素がある。

それは楽しむということだ。

子どもは携帯ゲームがあっという間に上手くなるが、それは面白くて面白くて仕方がないからだ。面白いと思うと集中力が研ぎ澄まされ、みるみるうちに上達する。反対に、面白い、楽しいと思えないものは、どれだけやってもなかなか上達しない。それは大人だって同じだろう。だから無理強いは時間と労力の無駄、このことは肝に銘じておきたいものだ。

だからぼくは、子どもの指導について尋ねられたとき、まずこんなふうにアドバイスしている。

「子どもが楽しんでこそですよ」

いまの子どもは習い事が多くて、ぼくらのころのように野球に明け暮れることは難しいかもしれない。しかし、子どもの集中力はすごいものだ。好きなことになったら、このぼくがそうだったようにひとり練習を開発したり、わずかな時間を見つけてでも野球に打ち込む。技術的なことを教え込むのは、それからでいいと思う。気が乗らないのに難しいことを教えても、効果は出ないと思うからだ。

本来、スポーツというものは楽しむためにやるもの。そして子どもは楽しいと思ったときに、いちばん力を発揮する。そのことを忘れずに、お子さんの野球を見守ってほしい。

09

「ピンチはチャンス」

インタビューで、ときどき聞かれる質問がある。

「生まれ変わるなら、どんな人生にしたいですか？」

ぼくの答えは決まっている。

「やり直したいなんて、これっぽっちも思いませんよ。ぼくのプロ野球人生は奇跡みたいなもの。奇跡が2度起きるわけがないじゃないですか」

謙遜ではない。本心からの答えだ。

ぼくは、プロ野球選手は2種類に分けられると考えている。

ひとつは、だれがどこからどう見ても圧倒的な才能を持った選手。昔なら江川卓さんや野茂英雄さん、近年ではイチロー選手、ダルビッシュ有選手、大谷翔平選手などが、この部類に入るだろう。現役時代の同僚を挙げるなら、タツこと立浪和義さんも。

もう一方は、先に挙げた「選ばれし者」以外の選手。プロに入るだけの力はあるが、その中では決して特別ではない選手たちだ。いわば一般グループ。プロ野球選手の95％は、こちらに分類されるだろう。

ぼくが入るのは、いうまでもなく後者。一般グループの、それもどん尻の方だ。ドラフト指名されただけでもラッキーな選手だった。

仮にいまのプロ野球選手たちがもう一度、生まれ変わって勝負しても、イチロー選手に代表されるエリートたちは、いまと変わらない大活躍を見せるだろう。だが一般グループの成功者は、かなり顔ぶれが変わるはずだ。プロ野球は実力がモノをいう世界。だが成功と失敗は紙一重だ。運によって、いくらでも状況は変わってくる。入団した球団や監督の起用法、さらには怪我。キャリアを左右する要素は無数にある。

ぼくのように才能がない選手は、100回生まれ変わったら……。99回は無名の二軍選手のまま消えていくと思う。

だが現実は、失敗するどころか大成功した。32年もユニフォームを着られて、219回も勝ち投手になったのだから、宝くじが大当たりしたようなもの。これで「神様、もう一度チャンスを」なんてお願いしたら、バチが当たる。

こうやって考えてきてわかることが、ひとつある。ぼくはとても運がいい、ということだ。もっといえば才能については自信がないが、運を引き寄せる力はあったと思う。

プロ野球界では凡才に過ぎないぼくが200勝できたのは、恩人と呼べる人々に恵まれたからだ。その中でもアメリカ留学時代に出会ったアイク生原さんと、95年に出会ったトレーナーの小山裕史先生、このふたりがいなかったら、いまのぼくはいない。これだけは断言できる。

ふたりとの出会いを振り返ると、自分がどれだけ幸せ者かということが改めて実感できる。

アイクさんとはアメリカで出会った。それは未勝利のまま迎えたプロ入り5年目のことだ。

「今年、結果を出さなきゃクビだ！　死にもの狂いでやるぞ！」

背水の陣でキャンプに臨んだぼくは、運よくアメリカで二次キャンプを張る一軍メンバーに選ばれた。ところが喜びも束の間、キャンプが終わってもぼくはアメリカに取り残されることになった。これについては後述するが、

「勝負の年にずっとアメリカで修行しろって……。そんなの戦力外通告されたも同然じゃないか……」

悲嘆に暮れたのを、昨日のことのように憶えている。

だが、この不運があったからこそ、ぼくはアイクさんと出会い、みっちりと鍛えてもらうことができたのだ。

一方、小山先生に出会ったのも2年連続最多勝から一転、故障で戦列を離れていたときだ。「復帰は難しいだろう」「もう終わりだな」といった声も周りから聞こえていた。

「なんて自分は不幸なんだ」

「これから、どうしたらいいんだ」

そんなお先真っ暗な中で、生涯の恩人と出会っているのだ。不幸だなんて、とんでもない。ものすごくツイていた。

出会いはすべてタイミング。どんな人にも出会いはあって、それはちょうどいいときにやって来るとぼくは考えている。

アイクさんと小山先生というふたりの恩人は、ぼくが思い悩んでいたときに目の前に現れた。ピンチを迎えていたからこそ、この出会いがあったのだと思う。仮に上手くいっている時期に出会っていたら、ふたりのありがたみもわからなかっただろう。

人生、いいときばかりではない。だが、悪いときだって悪いことばかりではないと思う。ふたりの恩人との出会いを振り返ると、ピンチはむしろチャンスだった。当時は切羽詰まっていて、そんなふうに考える余裕はなかったけれど。

10

「出会いを逃さない」

才能がないのに大輪の花が咲いたぼくのプロ野球人生は、たくさんの恩師の叱咤激励やアドバイスの集大成のようなものだ。学生時代に始まり、プロ入りして若手から中堅、そしてベテランになるまで、そのときどきに現れた恩師たちが、山本昌という神輿《みこし》を担いで50歳現役という未踏の地まで運んでくれた。これもまた本心だ。

恩人がたくさんいるという事実は、ぼくにひとつの才能があったことを物語る。それは「出会いを逃さない才能」だ。

先に触れた、恩師の中の恩師ともいうべきアイクさんと小山先生、このふたりとの出会いも、いまになってみると「よく捕まえたものだ」と我ながら感心する。

アイクさんはアメリカでの修行時代、半ば腐りかけていたぼくを励まし、朝から晩まで練習に付き合ってくれた。この人がいなかったら、ぼくは未勝利の無名のプロ野球選手のまま人知れず現役をやめていただろう。

小山先生はフィットネスコーチの第一人者。故障に悩まされていた時期に出会い、二人三脚で理想のフォームを創り上げてきた。

アイクさんがぼくを成功の扉に導いてくれた恩人だとすれば、小山先生は下降線をたどりつつあったぼくのキャリアを、もう一度浮上させて、50歳まで導いてくれた恩人となる。ぼくのキャリアは、このふたりの「作品」といっても過言ではない。アイクさん、小山先生との出会いを逃さなかったから、ぼくはプロ野球選手として大成することができたのだ。

ふたりとの出会いは、いまでもよく憶えている。

「さあ、がんばるぞ！　やればできるんだから！」

アメリカで出会ったアイクさんは、スーパーポジティブな姿勢でぼくを迎え入れてくれたが、正直なところぼくは戸惑ってしまった。戦力外通告に近い形でアメリカに残されたため、ちょっとすねたところがあったのだ。

小山先生との出会いも印象深い。最初のひと言は、いまでも忘れられない。

「昌くん、きみのフォームはものすごく美しいね」

それまで不格好とはいわれても、美しいなんていわれたことがなかったから、こちらはちょっと嬉しかった。

アイクさんと小山先生には似たところがある。それは飾らないこと。だれにでも本音で、全力で付き合おうとする。悪くいえば、ちょっと変人っぽい。だから、「なんだ、この人は！」と思って引いてしまっても無理はない。

プロ野球選手であれば、なおさらだろう。というのも世間的に注目され、チヤホヤされる機会が多いからだ。そういう環境に慣れてしまうと、「なんでプロ野球経験のない人に、あれこれフォームのことをいわれなきゃいけないんだ」と思っても不思議ではない。

だがぼくは、このふたりととても波長が合った。引いてしまうどころか、「なんだ、この面白いおじさんは！」と興味を抱いてしまった。つまりプロ野球選手としてのプライドに、人間としての好奇心が勝ったのだ。強烈な自我を持つ人間が多いプロ野球界の中で、自信のないぼくは、いつまでもプライドを持てなかった。それは弱点だと思っていたが、大きな強みになったわけだ。

年齢や立場よりも純粋な好奇心。それが出会いを逃さない条件だ。

11

「失敗は小さな成功」

ラジコンに出会ったことで、ぼくは本物のプロ意識を初めて知った。そしてもうひとつ、ラジコンが教えてくれた大切なことがある。「変えることを恐れない」ということだ。

ぼくは毎年のように投球フォームを変えることで、プロ野球界の厳しい競争を生き抜いてきた。ぼくのフォームは大きな身体を小さく折りたたむ独特なものだったが、そのフォームも実は年によって微妙に異なる。もちろんぼくには、その違いがわかる。現役時代の写真を見たら、それが何年版のフォームか即座に答えられるだろう。

プロ野球選手にとって、投球や打撃のフォームは長い年月をかけて培ってきた大事な商売道具。それを変えることには、かなりの勇気が要る。実績のない若手ならそうでもないかもしれないが、主力選手ともなると失う怖さが先に立ち、なかなかフォームを変えられない。実際にフォームを変えて、自分のいいところを忘れてしまった選手も少なくない。

そんな中、ぼくは頻繁にフォームを変えた。それはなぜか。いつも「もっと上があるはずだ」と考えて、フォームを変え続ける人々が身近にいたからだ。

ラジコン愛好者たちである。

ラジコンというと、リモコンを器用に操ってマシンを走らせる様子を思い浮かべる方が多いだろう。だが上級者になればなるほど、サーキットにいる時間のほとんどをマシンの地道な調整に充てている。マシンの部品は無数にあり、それらを微妙に変えては試し、またばらしては試すということを延々と繰り返しているのだ。

そうした試行錯誤の中で、1周コンマ1秒でもタイムを短縮することができれば、それは大きな前進だ。ラジコンはわずかなロスが明暗を分ける、シビアな世界。たかがコンマ1秒ではない。仮に10周走行すると〝塵〟が積もって1秒になる。ラジコンで1秒といったら、ちょっとやそっとでは追いつけない大きな差だ。

もちろん、どれだけ調整しても思ったような結果を得られないときがある。むしろ、そちらの方が多いだろう。だが一流のレーサーになると、そんなことではめげたりしない。めげるどころか「よしよし」と手応えを感じて、ますます調整に熱が入る。

その気持ちは、ぼくにもよくわかる。調整に失敗したら、そのセッティングでは上手くいかないということ。それがわかったという意味で、調整は進んでいるのだ。

つまり、失敗は成功の元。

発明王エジソンが、とてもいいことをいっている。

「積極的に失敗するべきだ。なぜなら失敗は成功と同じくらい貴重だからだ。失敗しなければ、なにが最適なのかわからないままだろう」

このエジソンの思考法を、ぼくはラジコンを通じて身につけた。

人は失敗が続くと、すべてを投げ出したくなるものだ。一生懸命やっているのに結果が出ないのだから、気持ちが萎えるのも無理はない。

でも、投げ出す前にちょっと考えてほしい。失敗したということは、その方法に問題があることがわかったという意味で、成功に近づいているのだ。失敗は失敗ではなく、小さな成功。ぼくが知るラジコンの一流レーサーたちは、このエジソンの精神を愚直なくらい実践していた。そんな彼らから、ぼくは失敗を繰り返して前進することの意味を学んだのだ。

大切なのは、トライ&エラーを繰り返すこと。そして、望んだ通りの結果が得られなくても「失敗は前進だ」と考えること。もちろん、なぜ結果が出なかったかを考察することも必要だ。失敗は、その理由をしっかりと理解してこそ初めて小さな成功となる。

ラジコンで学んだ試行錯誤を、ぼくはそのまま野球に置き換えた。マシンは肉体。ラジコンがそうであるように、肉体にも無数の部位がある。そのメカニズムを理解し、部位の一つひとつを微調整して、ぼくはそのときどきの自分に最適なフォームを創り上げていった。

ぼくがフォームを変えることが怖くなかったのは、ラジコンと同じように身体のメカニズムを理解していたからだ。これだけは変えてはいけない、という肝の部分をしっかりと押さえていた。だからフォームをばらしても、元の形を失うことがなかった。

ぼくがやっていたフォームの調整は、傍から見れば地味で退屈な作業に見えたかもしれない。だが、この作業によって、ぼくは加齢による体力の衰えを補い、また多くの引き出しを手に入れることができた。

引き出しが多いということは、つまり対応策があるということ。試合中に思い通りのボールが投げられずに苦労したときも、「じゃあ、こっちでいってみようか」と別の方法を試すことができる。実際にそうやって、なんとか形にした試合も少なくない。

長い間手詰まりにならず、ぼくが現役生活を続けられたのは、失うことを恐れず変化を繰り返したからだ。

変わることを恐れてはいけない。その過程で失敗したら、それは成功に近づいたということ。喜ぶべきなのだ。

12

「いつか元は取れる」

ぼくの若手時代、野球界はいまよりずっと厳しかった。特に当時のドラゴンズの監督は、鬼より怖い星野仙一さん。チームメイトの中では立浪和義さんくらいだろう、星野さんの強烈な洗礼を浴びなかったのは。

もちろんぼくも、星野さんにこってり絞られた経験には事欠かない。その中でも思い出すのはプロ入り5年目、1988年春のキャンプでのことだ。

あのころのぼくは、「今年ダメならクビだ」という強い危機感を抱いていた。それはそうだ。過去4年で一軍公式戦のマウンドに立ったのはわずか4度、それも投げれば打たれの繰り返しで通算防御率は19点台という信じられない数字だった。こんな投手に、よくもまあ5年目のチャンスが与えられたものだと我ながら思う。

さて、背水の陣で臨んだキャンプでぼくは死ぬほどがんばった。そのご褒美だったのだろうか、星野さんはオープン戦の開幕投手にぼくを指名してくれた。

「ここでやらなきゃいつやる!!」

ぼくは奮い立ってマウンドに向かった。ところが……。

気負いすぎだったのだろうか。炎上も炎上、初回7失点と大炎上したのだ。

「もう終わった……」と呆然としているぼくに向かって、星野さんはいった。

「死ぬまで走っとけ」

星野さんに走れといわれたら、走るしかない。ぼくは走った。試合後の4時ごろから、400メートルトラックを延々走った。マネージャーに「もう上がれ」といわれたのは、陽もとっぷりと暮れた8時過ぎだったと思う。100周以上は走っただろう。

大きく肩で息をするぼくに、マネージャーはいった。

「これから監督室に行ってくれ」

ぼくは耳を疑った。試合でKOされただけでも大ショックなのに、そこから延々走らされて、さらに怒られるのか。そんなことなら死んだ方がマシだとさえ思った。

監督室の前に来たぼくは、ドアの前で関取がやるようにバチバチと顔を叩き、大きく深呼吸してノックした。

「おう、入れ」

腹をくってドアを開けると、そこには気持ち悪いくらいの笑みをたたえた星野さんがいた。このときの会話はよく憶えている。

「お前、今年どうすんだ？」

「一軍で投げたいです」

「そうか。じゃあ、アメリカに連れて行ってやる」

それを聞いた瞬間、有頂天になった。この年、ドラゴンズは二次キャンプをアメリカでやることになっていた。帯同するのは一軍だけ。そう、ぼくは一軍に選ばれたのだ。

7失点の大炎上左腕は、絞られるどころか、一軍切符を約束されたのだ。

だが、喜びも束の間だった。監督は続けてこういったのだ。

「で、アメリカには連れて行くが、11月まで向こうでがんばれよ」

「……」

ぼくは言葉を失った。どうやらドジャースとの間で交換留学のような制度が始まり、今年から若手数人がドジャース傘下でプレーすることになるという。そのひとりとしてぼくに白羽の矢が立ったらしい。

一軍に帯同できるのは嬉しいが、それではどれだけがんばっても日本で登板するチャンスはないではないか。こっちはもう崖っぷちのつもりでいるというのに……。

有頂天が一転、ぼくは失意の底に叩き落とされた。アメリカに向かうぼくは、間違いなく浮かない顔をしていたはずだ。

ついつい昔話が長くなってしまったが、ぼくが伝えたいのは、最悪だと思う経験にも、希望の芽はあるということだ。

現実に、「俺のプロ野球人生もこれで終わりか……」と暗澹《あんたん》たる気持ちになった、このアメリカ留学からぼくの出世街道は始まることになる。

ぼくは講演会で、7失点の大炎上から始まる濃密すぎる一日について、しばしばしゃべる。これがありがたいことにウケる。成功談よりも、むしろKOされたり、失敗したエピソードの方が断然ウケがいい。

そんなことが遅まきながらわかった、いまだからこそいえる。

どんな失敗の中にも、よかったことはあるものだ。少なくとも失敗から学ぶことができるし、笑い話のネタができたと思えばいいだろう。魅力的な人は大抵、面白い失敗談をひとつやふたつ持っているものだ。

「ああ、これでまた面白い人間になっちゃったな」

なにかで失敗したら、そう考えるようにしている。無理にでも笑っていれば、いずれ元は取れるだろう。

13

「環境を変える」

1988年のアメリカ留学のことをもう少し書いてみたい。

32年に及んだぼくのプロ野球人生には、いくつもの紆余曲折があったが、あのアメリカ留学は最大のターニングポイントだった。

プロ入りから4年間で一度も勝てず、それどころかほとんど二軍暮らしだった無名の左腕が、アメリカから帰ってきた途端、終盤戦の2カ月だけで無傷の5連勝を飾ったのだ。長いプロ野球の歴史の中でも、これほどのシンデレラストーリーは珍しいと思う。

ぼくはそのアメリカ留学で、たくさんの出会いに恵まれた。

まず、人生の師となるアイク生原さんとの出会いがあった。アイクさんは、無名のぼくに可能性を見出し、投げやりになりかけていたぼくを「お前ならできる」と励まし続けてくれた。朝から晩までぼくの練習に付き合い、青あざだらけになって、何千球、何万球もぼくのボールを捕ってくれた。この人がいなければ、その後のぼくは間違いなくいない。

もうひとつ、のちにぼくの代名詞となるスクリューボールとの出会いもあった。アメリカの選手、とりわけヒスパニック系の選手は遊び心が旺盛で、暇さえあれば独自の打法、投法を試して遊んでいる。そんな仲間のひとりが操っていた奇妙な変化球、それがスクリューだった。これもまた、日本にいたら出会うことはなかったと思う。

そして最後にもうひとつ、忘れてはならないものがある。それはチャンスだ。

「アメリカはチャンスの国」といわれるが、野球についてはまったくその通りだと思う。

日本のプロ野球でも近年は育成枠が設けられ、三軍を立ち上げた球団が出てきている。だが裾野の広さでは、アメリカとは勝負にならない。アメリカ球界はメジャーを頂点に以下3A、2A、アドバンスドA……と7つの階級に分かれている。その広大な裾野の中で、無数の選手が試合を通じて切磋琢磨を繰り返す。試合で学び、試合で鍛え、試合を通じてふるいにかけるというのが、アメリカの哲学なのだ。

しかもマイナーは日本の二軍に比べて試合数が多く、地元の注目度も高いため、同じ1試合でも密度が濃い。どちらが鍛えられるかといえば、やはりアメリカ方式だろう。

プロ入りからの4年間、一軍はおろか二軍でもなかなかチャンスを得られなかったぼくは、アメリカで頻繁にマウンドに立った。シーズン開幕から、ドラゴンズから帰国命令が出る8月までの4カ月間で、なんと150イニングも投げた。しかも張り詰めた優勝争いの大一番でも登板した。ここで学んだものは、計り知れないほど大きい。

恩師アイクさん、切り札スクリュー、そして実戦経験。この3つを得たことで、ぼくは変わった。すべてはアメリカに島流しにされたおかげだ。

アメリカ残留が決まったとき、仲間や先輩を空港に見送りに行ったぼくは、大粒の涙を流した。こんなにつらいのは、もういやだと思った。だが置き去りにされて、本当によかったのだ。

いまの自分なら、空港で泣く若い自分にこういって諭すだろう。

「4年やって結果が出ていないんだ。それなら環境を大きく変えた方がいいんだよ。これはむしろチャンスかもしれないぞ」

人生、何事も思い通りに行くわけではない。

あなたがサラリーマンで、望まない部署や赴任先への移動を命じられたら、気落ちするかもしれない。そんなときは、こんなふうに考えてみてほしい。もしかすると、これはチャンスかもしれないぞ、と。

アイク生原さんと過ごしたアメリカの環境は、どん底から這い上がるきっかけをぼくに与えてくれた。

14

「外国人選手たち」

ドラゴンズひと筋32年のキャリアを送ったぼくは、このチームの生き字引のようなもの。当然、歴代の外国人選手についても詳しい。

外国人選手とはなるべく、コミュニケーションを取るようにしていた。2月のキャンプでは自分の練習に専念しながら、新しく加わった外国人選手の様子を横目でチェックするのが習慣となっていた。なにか困った様子があれば、片言でもいいから声をかけるのだ。

来日したばかりの外国人選手が決まって戸惑う、日本球界の伝統がある。それは途方もなく長い練習時間だ。練習量は膨大で、ものすごいランニング量をこなす。最初は緊張感もあってついてくるが、3、4日もするとへとへとになって根を上げてしまう。

外国人選手が体力的に劣っているというわけではない。練習方法が違うというだけのことだ。ランニング10本を走るにしても、日本はコーチ主導で厳しくタイムを計測したりするが、アメリカでは自分のペースで走ることが多い。マイペースに慣れている外国人選手は、たくさん「走らされる」ことで精根尽き果ててしまう。

「ああ、こんな遠い島国に来るんじゃなかった……」

ここで萎えてしまう外国人選手は少なくない。

カルチャーショックに戸惑う外国人選手に、ぼくはこんなふうに声をかけていた。

「いまは大変かもしれないけど、これが1年間続くわけじゃないから。キャンプでも第2クールくらいまでだよ。それまでがんばろうじゃないか」

人間、終わりのない努力は続けられないが、ゴールが見えるとがんばれるもの。とりあえず、ここまでがんばればいいんだよ、というゴールを見せてあげるのだ。


さて、当たり外れの差が大きいといわれる外国人選手だが、どこで明暗が分かれるのか。長年、外国人選手を見続けたぼくの考えでは、いちばん大切なのはメジャーでの実績よりも、むしろ性格ではないかと思う。具体的にいえば、新天地に溶け込もうとする姿勢があるかどうか、だ。

「日本なんて大したことないだろ」

そんなふうに舐《な》めているような選手は、メジャーでの実績があっても失敗するケースが多い。むしろ実績はなくても、「日本は侮れないぞ」と警戒してかかる選手の方が成功率は高いと思う。

後者の代表例として思い浮かぶ選手がふたりいる。年配のドラゴンズファンなら恐らく知っているであろうケン・モッカとアロンゾ・パウエルだ。

モッカは80年代前半、ドラゴンズで4年間プレーした三塁手。闘志あふれるプレーを見せ、チームメイトやファンから絶大な信頼を得た。退団してアメリカに帰るとき、ぼくらは名古屋空港まで見送りに行き、胴上げをしたほど。そこまで愛された外国人選手はいないと思う。

一方のパウエルは90年代に6年間、ドラゴンズで活躍。外国人選手として初めて3年連続首位打者に輝いた。ドラゴンズ退団後は、1年だけ阪神タイガースでプレーしている。

ドラゴンズの歴史に残るレジェンドであるふたりには、共通点が3つある。ひとつ目は、どちらもメジャー経験はあったが、スター選手ではなかったこと。ふたつ目は人柄がよく、積極的に日本に溶け込もうとしたこと。そして3つ目は、どちらも日本語の習得が、他の外国人より早かったことだ。

特に日本語の習得は、外国人選手の意欲を測る重要なバロメーター。「コンニチワ」でも「ゲンキデスカ」でもいい、片言ででも話しかけてくるような選手は、ぼくらも助けてあげたくなるものだ。こういう選手はチームの一員になるのも早い。

ふたりは日本球界で成功しただけではなく、アメリカに帰って引退後、指導者としても成功した。モッカはマイナー、メジャーでのコーチ経験を経て、アスレチックスとブリュワーズで監督をした。パウエルもマリナーズ、パドレス、アストロズとメジャーのコーチを歴任している。異国でのプレー経験が指導にも生きているのかもしれない。

新天地に溶け込もうとするふたりの姿勢は、ぼくにとっても参考となる。

2年前に現役を退いたぼくは、ボールをマイクに持ち替え、解説、キャスター、講演と「話す仕事」を始めることになった。未知の領域に足を踏み出すということでは、日本にやって来る外国人選手と変わらない。

プロ野球界でそれなりに活躍した選手は、引退後もそれなりにチヤホヤされるものだ。だが、そこに甘えていてはいけないだろう。郷に入ったら郷に従え。自分は新入生、たとえ自分より年下であっても、経験者には素直に学ぶべきだと思う。これはモッカやパウエルが持っていた精神だ。彼らはそういうことを楽しそうにやっていた。これは年功序列の概念がない、アメリカ人の長所かもしれない。

過去のプライドに縛られて、新しい世界に真っ白な気分で飛び込んでいけないのはもったいないこと。歳を取ると新しいことを始めるのに勇気がいるものだが、そこは慣れないことを面白がって、積極的に飛び込んでいきたい。

そういうところから自ずと道が拓かれていくような気がするのだ。

15 「趣味」

ラジコン、車、クワガタ、さらには中国史――。

ぼくにはたくさんの趣味がある。

例えばクワガタ。オオクワガタの飼育には、かなりの労力をかけてきた。「菌糸ビン」に入れた幼虫の育成は、とても繊細で手間のかかる作業。間違って強い菌を入れてしまうと、幼虫は菌に巻かれて死んでしまう。ビンを交換するところでそっと体重を量るのだが、そのときの興奮は何物にも代えがたい。野球漬けの日常の中で、それは仕事を忘れられる貴重なひとときだった。

車については少年時代、夢中になった「スーパーカーブーム」が中年になっても続いているようなもの。ぼくの代名詞にもなっているラジコンについても、実は少年時代に熱中していた。リハビリに明け暮れていた1995年、ふらっとサーキットに立ち寄ったところからふたたび火がつき、その熱はいまも衰えることを知らない。

中国史についても同じことがいえる。ドラゴンズからドラフト指名されなければ、ぼくは恐らく教師になっていたと思う。高校時代は日本大学に進んで社会科の教師になるという人生設計を描いていたのだ。少年時代から歴史が好きで、日本なら鎌倉時代から戦国時代が好きだったが、それ以上に中国史が好きだった。

日本史よりも中国史。その理由は、物語のスケールが桁外れに大きいからだ。天下分け目の合戦ともなると、その軍勢は百万単位に膨れ上がり、遠征や兵站の距離は果てしなく延び、魅力あふれるキャラクターが次々と登場する。中国史に魅了されたぼくは、「史記」や「水滸伝」「三国志」をむさぼるように読んだ。

こういう趣味の話をしていると、多くの人から「趣味がたくさんあっていいですね」とうらやましがられる。その次には決まって寂しそうな言葉も。「ぼくには、そこまで打ち込める趣味がないんですよ」

いや、自分としては手広くやっている自覚はまったくない。むしろ、数少ないフィールドをひたすら追求している感覚だ。わき目も振らず、小さな穴を奥へ奥へと掘り進めているような。

こうやって趣味との関わり合いを振り返ると、我ながらよく飽きないものだと感心する。どうして自分は飽きないのだろう。そう考えて思い当たるのが、性格である。理由はわからないが、生まれつきしつこいのだ。

このしつこさの原動力となっているのが探求心だ。

「世の中には自分の知らない面白いものが、まだまだ眠っているに違いない」

そう思うと、居ても立ってもいられなくなる。金銀を追い求めて一心不乱に坑道を掘り進める、鉱山労働者に似ているかもしれない。

中国史に話を戻すと、とりわけ好きなのが三国志だ。子どものころから数えきれないほど読んできたが、いまになっても飽きる気配がまったくない。漫画や文庫本を手にすると、ときが経つのも忘れて読みふけってしまう。今日は10冊、翌日にはまた10冊という具合に。

三国志に埋まっているのは、言葉の鉱脈だ。

三顧の礼、水魚の交わり、白眉、苦肉の策、破竹の勢い――。

現代に生きる言葉の数々が三国志から生まれたということがわかり、この物語の時空を超えるエネルギーに圧倒される。

言葉だけではない。三国志は読むたびに「あれ？　こんな雑兵《ぞうひょう》いたっけ？」

というキャラクターに出会う。それが取るに足らない雑兵であっても、ぼくにとっては大収穫だ。先に述べたように、自分の好きな世界に知らないことがあるのがいやなのだ。そして新たな雑兵が出てくると、「ということは、まだまだいるに違いない」とますます貪欲になってくる。キリがない。まあ、ほどほどに……ということができないのだ。

趣味との関わりについて考えると、自分が恐ろしくしつこい人間だということがわかる。この性格は良し悪しだろう。だが、本業である野球についていえばアドバンテージとなったと思う。

93、94年に2年連続最多勝を獲得したぼくは、その後、大きな故障に見舞われた。

(自分はこのままフェードアウトしていくのだろうか……)

そんな恐怖にも駆られた。

だが、そうならなかったのは、あきらめが悪かったからに他ならない。2年連続最多勝に輝きながらも、「ピッチングにはもっと上があるはずだ。その景色を見なければ終われない」という執着心があった。淡泊な性格だったら、50歳はおろか、40歳になる前に引退していたと思う。

趣味がいまでも続いているように、野球を極めたいという思いは引退しても衰えることがない。解説席から見る野球は現役時代とは違った発見があり、「へえ」が尽きない。

「自分には、まだ見たことがない景色がある」

それは仕事や趣味に限らない、ぼくの人生の原動力だ。みなさんにも、それはあるのではないだろうか。

16

「小さな努力を」

プロ野球は選び抜かれた才能が集結する異次元の世界だ。ドラゴンズ1年目のキャンプに参加したぼくは、小松辰雄さんの快速球や谷沢健一さんの豪快な打撃を目の当たりにして、「場違いなところに来てしまった……」とため息をついていた。

輝かしい球歴を誇るチームメイトの中で、ぼくはドラフト5位の無名投手。小中学校では控え、初めてレギュラーを勝ち取った高校時代も甲子園とは無縁だった。家族や友人を除けば、ぼくに期待した人はいないだろう。

こんなエピソードがある。

入団1年目のキャンプのこと、ブルペンで投げていると星野仙一監督が視察にやって来た。しかも、ぼくの投球を注視している。自分をアピールする絶好の機会、ぼくは必死になってキャッチャーのミットに投げ込んだ。

しばらくして、星野監督がおもむろに口を開いた。

「なあヤマよ、いつになったら全力で放ってくれるんだ?」

あのころの、ぼくのマックスは136キロ前後。監督が手を抜いていると思ったのも無理はない。

両親のおかげで体格には恵まれていたが、他にはなにも勝負できるものがない。こんな自分が果たしてプロの世界でやっていけるのだろうかと、暗澹《あんたん》たる気分になった。

正直に告白すれば、入団5年目の秋に初勝利を挙げるまで、ぼくはマイナス思考の塊だった。周りの剛腕、大器と自分を比べては、「どうせ自分は……」と卑屈になっていた。

もっともいまになって思えば、当時の自分は必ずしも才能がゼロというわけではなかった。あのころは気づいていなかったが、「小さな努力を地道に続ける」ということにかけては、チームメイトに勝っていたのだ。

入団前から続けていた個人トレーニングに、2キロのダンベルがある。それは高校時代に買ったもので、プロ入りして名古屋での寮生活が始まったときに持参した。

ダンベルはふたつあり、ひとつは部屋に常駐。もうひとつはトランクの底が定位置で、遠征のお伴になった。用具係から「お前の荷物はいつも重いな」

といわれたのは、ダンベルのせいだ。おかげでトランクのローラーが壊れるペースが、チームメイトよりも早かった。入団5年目にアメリカ留学を命じられたときも、現地で買えばいいのに、わざわざダンベルを持参したほどだ。

このダンベルでぼくは毎晩200回、手首を鍛えていた。少々酔っぱらって帰ってきても、練習でくたびれていても絶対に欠かさなかった。

ダンベルと並ぶ、ぼくのもうひとつの小さな努力がある。それはノートだ。その日にやった練習やゲームで気づいたことを書く。といっても、事細かに書いていたわけではない。3行程度、簡潔に。これもダンベルと同じで毎日欠かさずやっていた。

こうしたちょっとした努力を長く続けられたのは、なぜか。それは大変な努力は長く続けられないことを自覚していたからだ。

「よし、明日から朝10キロ走るぞ！」

そう決意したところで、三日坊主で終わることはわかっていた。でも、才能がないことを自覚する自分としては、なにかをしなければ落ち着かない。

「今日も自分は努力をしたぞ」という実感を持って、眠りにつきたいのだ。

そこで最低限、なんでもいいから続けられることを始めたのだと思う。

練習や食事から帰ってきて、左手で何気なくダンベルを握る。そうしてテレビを見ながら、手首を鍛える。それはいつからか、まったく苦にならなくなった。洗顔や歯磨きと変わらない、日常の習慣となった。そうなれば、もうこっちのものだ。

なにかを成し遂げようと思ったら、努力をしなければならない。でも、努力と思うと長続きしないものだ。努力は継続しなければ力にならない。それならば、ちょっとしたことをちょっとずつ始めることだ。それくらいがちょうどいい。

ぼくの現役時代はいつもダンベルとともにあった。

17

「普通のことを普通に」

プロ野球選手は体力が資本。シーズンを通じてプレーできる体力がなければ勝負できない。せっかく身につけた技術も、体力がなければ宝の持ち腐れだ。

だが、体力は永遠ではない。いくら鍛錬していても、年齢を重ねるにつれて衰えてくる。実際にぼくも30代後半あたりから、20歳前後の若手たちと同じトレーニングをすることがしんどくなった。

40代になり、ぼくは春のキャンプを二軍からスタートするようになった。楽をするなら、レギュラークラスが顔を揃える一軍がよかっただろう。二軍のキャンプには、実績はなくても体力と野心にあふれた若手がひしめいていて、長く厳しいメニューが用意されている。

二軍キャンプの典型的なメニューを記すと、こうなる。

宿舎から球場まで歩いて向かい、ウォーミングアップを行なってキャッチボール。ゴロ捕球のノックを受けて、投手と内野手がフォーメーションに従って動く投内連携を繰り返す。最後に陸上トラックで30分走り込む。これが全体練習。これだけでもへとへとになるが、次はマシンを使った個別のトレーニングが待っている。これを若手たちとこなすのは、かなり苦しい。苦しくて、ついていけないことも正直あった。

それでもぼくは、弱音を吐かずに淡々とメニューをこなそうとした。そのとき頭の中にあったのは、「これを普通にしちゃえばいいんだ」という思いだ。現役生活の終盤戦、「普通」という言葉がキーワードに浮かび上がった。

「普通」というのは特別ではないこと、やって当然という意味だ。気がつけばやってしまっている、というニュアンス。厳しいトレーニングが、そうなれば理想的だと考えていた。

40代のベテランにとって、春のキャンプは試練の連続といっても過言ではない。疲れているときはダッシュ一本走り切っただけで、偉業を成し遂げたような気分になる。なるのだが、「こんなのできて当たり前、普通のことだ」と思うようにしていた。

トレーニングだけではない。若いころは登板の疲れもひと晩眠れば抜けていたが、ベテランになると疲れが溜まり、コンディショニングに時間がかかるようになった。だが、厳しいトレーニングもコンディション調整も、プロ野球選手なのだからできて当たり前。それなら普通のことを普通にやっている、と考えるようにしたのだ。

しんどいものを克服しようと思って向き合うと、実際にしんどいものがよりしんどくなってしまう。よく「がんばればできる」というが、ストイックな努力は長続きしないものだ。普通のことを普通にやろうとしたのは、その方が長続きすると考えたからだ。

プロ野球選手は個人事業主。一緒にトレーニングするチームメイトは、ライバルでもある。ライバルたちが悲鳴を上げる中、厳しいメニューを涼しい顔でこなせるようになったら、それは大きなアドバンテージになる。そんな思いもあった。

不思議なもので、「こんなのできて当たり前、普通のことだ」と考えてトレーニングに臨むうちに、「しんどいなあ、早く上がりたいなあ……」という逃げの気持ちは消えていった。

人生は楽しいことばかりではない。むしろつらいこと、やらなきゃいけないことばかりだろう。どうせやらなきゃいけないのなら、やって当然、普通のことと思って向き合った方がいい。その方が長続きしていい結果も出ると思う。

いやなことは普通のこと。がんばらないで普通にやる。その思いで現役を続けていたら、50歳に到達していたというのが実感だ。

50歳になったとき、周りの方々からこんな声をたくさんいただいた。

「50歳でよく続けられますね」

このとき、ぼくはいつもこう答えていた。

「たいしたことないです。これが普通ですから」

このスタンスは、現役を退いた、いまも変わっていない。

引退後の仕事は、ほとんどすべてが初体験だった。体力的なつらさはなくても、勝手がわからない。そんなとき助けになったのが、現役時代から培ってきた「普通の精神」だった。

解説や講演では、最初は戸惑うこともあったが、それでも「普通のこと、普通のこと」と自分に言い聞かせることで、逃げずに立ち向かう気になれるのだ。やがて気がつけば、勝手がわからなかった解説や講演が、実際に普通のこととしてできるようになってきた。

無理だ無理だと思わず、頭の中だけでも「普通のこと」だと考えてみる。

そうすると意外と道は開けてくるのだ。

18

「投げない」

現役時代のあるとき、3歳下の後輩、ジャイこと山﨑武司が、こんなことをいい出した。

「山本さんが『投げた』ことって、ほとんど見たことがないと思う」

ぼくはピッチャーだから、投げるのが仕事だ。でもジャイがいったのは別の意味。つまり「あきらめる」という意味の「投げる」の方だ。

「エース級の投手は序盤に4、5点取られると、そこで試合を『投げちゃう』ことがあるけれど、山本さんは違うんだよね」

そんなことまったく考えたことはなかったが、ジャイにそういわれて、「ああ、そうかもしれないな」と思ったものだ。

彼がいいたかったのは、こういうことだ。

滅多にないことだが、エース級の投手がなにかの拍子で序盤に大量失点することがある。そんなとき、集中力が切れてしまうケースは少なからずある。

二軍でがんばって久々に出番を与えられたような投手なら、大量失点しても切れてしまうことは少ない。打ち込まれて頭の中が真っ白になったとしても、「もうええわ」とゲームを投げ出してしまうことはないだろう。

「このまま終わったら、また二軍に落とされてしまう……」
「せっかくもらったチャンス、悪いなりになんとかしないと監督や仲間に顔向けできない」

そんな意識が働くからだ。仮に結果が出なくても、打ち込まれてから粘ることで最悪の評価は回避できる。

エース級の投手が試合を投げてしまうのは、次のチャンスが確約されていることが大きいだろう。今回は運が悪かったとあきらめて、次に切り替えればいい。それは結果を出してきた者の強みでもある。

投手が試合を投げてしまうと、それは周りに伝わるものだ。野球では8人の野手がいつも投手を見ていることもあって、投手の表情や振る舞いはチームに大きな影響を与える。投手が試合を投げてしまうと野手は敏感に察知して、「じゃ、今日はいいか」と敗北を受け入れてしまう。こうなると打撃が淡泊になり、そのまま押し切られることになる。

こういうパターンは、野球に限ったことではないはずだ。結果が出ないからといって同僚のひとりが途中で仕事を投げ出してしまえば、それは確実に周りに波及する。こうなると結果が出る確率は下がっていく。

ジャイが話したように、ぼくは試合を投げたことはない。それはいまにして思えば、必ずしも責任感が強かったからではなかった。それよりむしろ、いつでも一生懸命投げることが習慣になっていたからだ。

こんなふうに書くと、ぼくががんばり屋のように思われるかもしれない。いやいや、そんなことはない。ぼくが序盤で大量失点しても切れることがなかったのは、一生懸命投げる以外に生き残る術がなかったからだ。

小学校でも控え、中学校でも控え、高校3年生になってやっとエースになったものの、神奈川県のベスト8止まりだったぼくは、エリート街道とは無縁の道を歩んできた。無敵の剛速球や魔球のような変化球を持っているわけでもない。

つまり緩急や制球の組み合わせによって打者を打ち取っていくのが、ぼくのスタイル。それはひとつ間違えれば、滅多打ちにされても不思議ではないことを意味していた。これといった武器がないぼくには、一生懸命投げるしか道がなかったのだ。

野球を始めた小学生のころから、そうだったような気がする。「雑草」だったからこそ、好不調にかかわらず一生懸命投げるしかなかった。これが結果的に、とてもいい習慣になった。

32年間で積み上げた219勝の中には、序盤でノックアウト寸前になりながらも、粘りに粘って投げ続けたことで拾った逆転勝利もかなりある。名もない雑草だったからこそ、ぼくはあきらめの悪さを身につけた。武器を持たない雑草だったからこそ、ぼくは試合を投げないという習慣を手に入れた。

人生、なにが幸いするか、わからないものだ。

長年のぼくの相棒、山﨑武司。セカンドキャリアでふたたび“チームメイト”になることなど思いもよらなかった。

19

「データの捨て方、使い方」

世の中はいま、情報だらけだ。もちろん野球も例外ではなく、インターネット出現前に比べてデータは膨大なものになった。

攻守が表裏一体でプレーの連続性が高いサッカーやバスケットボールとは異なり、攻守が分かれ、ひとつのプレーが短く完結する野球は、データとの親和性が非常に高い。そのためチームには、スコアラーが日夜収集、分析したデータが大量に届けられる。

もっともぼくは、登板前に届けられる対戦打者すべてのデータに目を通すことはしなかった。データは大切。しかし、それに縛られて本来の投球を見失っては本末転倒だと考えていたからだ。

ぼくは現役時代、こんなポリシーを持っていた。

もっとも大切なことは、自分のいちばんいいボールを投げること。これに勝るものはない――。

ちなみにぼくが、もっとも重要視した球種はストレートだった。１４０キロの速球（もう速球とは呼べないか）が投げられないぼくは、球速の遅さから技巧派と呼ばれることが多かった。だが、本人の意識は違う。投球はストレート主体。実際にストレートの割合は全投球の半分近くで、歴代の投手の中でもストレート率が高かったのだ。

ストレートを重視したのは、もちろん理由がある。

的当てをするとき、みなさんはどんなふうに投げるだろう。変化球を投げる人はまずいない。百人が百人、まっすぐを投げるはずだ。つまりストレートは、狙ったところにいちばん投げやすいボール。いいストレートがあってこそ、変化球が生きてくるのだ。ぼくはそう考えて、同僚とキャッチボールするときでもストレートの質にこだわっていた。

さて、ぼくが投球で大切にしていたデータはなにか。次の4つの優先順位を決めていた。

①打者の調子がいいか悪いか
②打者の得意なコース
③走者がいるとき、初球を振ってくるかどうか
④走者がいるとき、早いカウントで振ってくるかどうか

頭に入れたのはこれくらい。届けられるデータのごく一部だ。残りは捨てていた。参考にした情報量は、他の投手に比べてかなり少ないと思う。それは前述したように、情報に縛られて自分の投球を見失いたくなかったからだ。

いい仕事をするには、多くの情報を知ることが大切だ。しかし、闇雲に多くを知ればいいというわけではない。むしろ膨大な情報があふれ返る現代は、量よりも質。自分にとって必要な情報を見極める力を身につけなければならないだろう。いまの時代、どこにももっともらしいことが書かれているが、すべてを身につけるのは不可能だからだ。そんなことをしていたら人生が終わってしまうし、自分の個性がなくなってしまう。

自分にとって必要な情報を知る。それは突きつめると、自分を知るということでもある。その意味で落ちこぼれから這い上がったぼくは、若いころから自分にできること、できないことを把握する習慣がついていた。情報の樹海を迷走せずに済んだのは、そのおかげかもしれない。

20

「投手と捕手」

データにあまり頼らなかったぼくが、ほぼ全面的に信頼した存在がある。投手にとっての女房役、キャッチャーだ。

投手というのは、チームの中でも特別な存在だ。投手がボールを投げなければゲームは進まず、なによりマウンドという一段高いところに立っている。マウンドに立つことが許された投手は、文字通りお山の大将が多い。周りに合わせるより、俺が俺がと我を通そうとする。自分の投げたいボールを投げ、キャッチャーとサインが合わないときも自分を曲げようとしない投手は少なくない。

少年時代から周りに合わせてばかりいたぼくは、プロ野球界でも落ちこぼれから這い上がったこともあって、マウンドで我を通すことは少なかった。投げたいボールがキャッチャーと合わない場合、ほとんどサインに従って投げていた。

何度か首を振る場合も最後は大抵、自分が折れていた。折れたといっても、自分が納得できないボールを投げるのは、気が乗らないものだ。そういうボールは危ない。そんなときはミットを少し外して、ボール球にしていた。これもコミュニケーション術のひとつだ。

ではぼくがなぜ、キャッチャーを全面的に信頼していたか。これにはちゃんとした理由がある。

まず、自分の投げたいボールを投げたときと、キャッチャーに従ったときとでは、統計的に後者の方が抑えられる確率が高かったからだ。そしてもうひとつ、心理的な理由もある。同じ打たれるにしても、自分の意見を貫いて投げたときの方が、ショックが尾を引くことが多かった。反対にサインどおりに投げたときは、結果が悪くても「仕方ない」と割り切れたのだ。

そしてもうひとつ。ぼくがキャッチャーを信頼したのは、対打者という点で彼ら以上の専門家はいないと考えていたからだ。

ぼくたち先発投手は、1週間に一度しかマウンドに立たない。ローテーションの巡り合わせで、他球団の主力でもシーズンを通して数打席しか対戦しない打者もいる。だが、キャッチャーは毎日のように試合に出て、マスク越しに打者を観察している。ぼくたち先発投手より、間違いなく多くの情報を持っているのだ。

そして忘れてはいけないことが、もうひとつ。

キャッチャーは打者だけでなく、ぼくたち投手のことも客観的に観察しているということだ。投手としては、自分のことは自分がいちばん知っていると思いがちで、独りよがりになってしまうことが多い。打たれると、ついつい頭に血が上り、一本調子になってしまう。こういうときはなおさら、キャッチャーの助言に耳を傾けた方がいい。

こんな当たり前のことに気づいてから、ぼくは球種やコースにかかわるほとんどをキャッチャーに託して、求められるボールをベストの形で投げることに専念した。自分でいうのもなんだけど、キャッチャーにとっては「勝たせてあげたくなる投手」だったんじゃないかな?

この投手と捕手の関係は、様々なパートナーの形に置き換えられると思う。いま頭に思い浮かんだのは、作家と編集者のそれだ。

世に知られる作家はたくさんいるが、編集者となるとほとんど知られていない。だがいい作品の陰には、いい編集者がいるのだという。

どれだけ優秀な作家でも、ひとりでいい作品ができるとは限らない。思い込みが強すぎて、バランスを欠くこともあるからだ。そういうときに正しい方向に導くのが、編集者の役目。最初の読者として、また長く孤独な執筆作業の伴走者として適切なアドバイスを与え、行き詰まったときに作家を励ます。表に出てこないが、編集者の存在は欠かせないのだ。そういう話を聞いたとき、投手と捕手の関係によく似ているなと思った。

野球がそうであるように、仕事もほとんどが仲間との共同作業。ひとりでは成立しない。自分より経験や知識があるパートナーがいれば、その意見を尊重する。

自分ひとりでがんばるのもいいが、ときには上手くだれかを頼りたいものだ。

撮影：小池義弘

対打者という点で圧倒的な情報量を持つキャッチャーにぼくは全面的な信頼を置いていた。写真はノーヒットノーラン、200勝達成などのメモリアルゲームでぼくをリードしてくれた谷繁元信さん。

21

「谷繁リズム」

野球というのはちょっと変わったところがあって、チームスポーツなのに「○○投手が勝った（もしくは負けた）」と報道されることがある。それは投手の出来が勝敗を大きく左右するからだ。

ありがたいことに、ぼくもプロフィールに現役通算219勝と書いてもらえる。もちろんこれは、ぼくひとりの力で勝ったわけではない。チームメイトのみんなが、打って守ってくれたおかげだ。

そんなチームメイトの中でも、ぼくたち投手にとって特別に頼もしい存在がいる。それは捕手だ。ぼくは現役時代、5万3760球も投げたが、一球一球サインを出し、ボールを捕って投げ返してくれた相棒がいたことを忘れてはいない。自分がサインに忠実に投げる投手だったこともあって、捕手に恵まれたからたくさん勝つことができたのだと、ぼくは考えている。

ぼくには思い出に残る捕手が4人いる。

下積み時代からの同志でもある中村武志さん、阪神タイガースで才能を開花させた矢野燿大《あきひろ》さん、大汗をかきながら一生懸命リードしてくれた小田幸平さん、そしてドラゴンズでプレーイング・マネージャーも務めた谷繁元信さんだ。

もちろん4人それぞれにいいところがあるのだが、その中でも谷繁さんのリードにはいつも感心させられていた。

ぼくには、記憶に残る日付けがふたつある。ひとつは2006年9月16日、もうひとつは2008年8月4日だ。

前者はタイガースとの一戦でNPB史上最年長記録となるノーヒットノーランを達成した日、後者は読売ジャイアンツ戦でNPB史上24人目となる200勝を記録した日だ。この2試合、どちらもマスクをかぶっていたのは谷繁さんだった。

ノーヒットノーランや200勝のような大記録達成を目前にすると、投手はマウンド上で硬くなるものだ。ノーヒットノーランは一度逃したら、いつチャンスが巡ってくるかわからないし、200勝は祝賀ムードのファン、メディア、球団を待たせたくないという思いも働いて、余計な力が入る。そんな重圧のかかるゲームで、ぼくを助けてくれたのが谷繁さんだった。

解説者をやるようになって、ぼくが学んだことがある。

それはピンチを迎えたバッテリーの不安は、当事者が思う以上に、周りに伝わるということだ。投手の顔色が変わったり、捕手が不自然に大きく構えたりする。こういう不自然な動きは百害あって一利もないと思う。これを見た敵に、勢いや自信を与えることになるからだ。

正直なところ、ノーヒットノーランのときも、200勝のときも、ぼくはマウンド上でテンパっていた。元々上がり症のぼくが、大記録を目前にして上がらないはずがない。

だが動揺するぼくを、谷繁さんが落ち着かせてくれた。

谷繁さんのリードには、ひとつの大きな特徴がある。それはいつも淡々としている、ということだ。いつも淡々としていて、ピンチになるとますます淡々とする。

「落ち着け！　落ち着け！」なんて、投手を余計に不安がらせるようなゼスチャーはしない。ミットを構えるときの表情、サインを出したり、返球をするタイミング、すべての所作が一定なのだ。これはなかなか真似できることではない。

先頭打者を歩かせたり、ピンチで絶好調の強打者を迎えたりしたとき、ぼくは「ヤバいヤバい！　どうするどうする？」と血相を変えて捕手のサインをのぞき込むところがあった。経験の少ない捕手なら、浮き足立った投手に煽られて焦ってサインを出したり、動作が大きくなったりするものだ。だが、谷繁さんは動じない。いつものタイミングで「はい、どうぞ」とサインを出してくれる。

谷繁さんはわかっているのだ。

「落ち着け！　落ち着け！」といったところで、それはむしろピンチを強調することになって投手を焦らせるだけ。むしろいつもの動きを淡々と繰り返した方が、投手を落ち着かせられるのだということを。

落合博満監督時代のドラゴンズは8年連続Aクラス、4度のリーグ制覇と盤石の強さを誇った。当時のドラゴンズは各ポジションに優秀なタレントが揃っていたが、扇の要に谷繁さんがいたことが大きかったと思う。

いつも淡々と、周りが焦っているときほど淡々と。

残念ながら、ぼくは谷繁さんとは正反対で、チームの中でも真っ先に舞い上がってしまうような人間だった。だが、そのことを自覚するぼくは、素直に谷繁さんのリードに従って投げた。

自分にないものを知り、自分にないものを持つ、だれかを信頼する。その先にノーヒットノーランと200勝が待っていた。

22

「マイナス思考、大いに結構」

32年間の現役生活の中で、ぼくは581回も一軍のマウンドに上がった。アマチュア時代やアメリカ留学を含めれば、恐らく千回を超えると思う。

若手のころと全盛期、さらに晩年では、身体の状態や経験値、フォームや周りの評価はかなり異なってくる。ただ、ほとんど変わらなかったこともある。マウンドに上がるときの、あのいやーな緊張感だ。

若手時代、公私にわたって面倒を見てくれたエースの小松辰雄さんが、あるとき寂しそうな顔つきで話していた。

「どういうわけか最近、マウンドに上がるときに緊張しなくなったんだ。これじゃあ、ダメだよな……」

いったいなにがダメなのか、当時のぼくにはよくわからなかった。むしろ緊張しないのだから、「いいことなんじゃないの?」と思った。

人間は経験から学ぶ生き物。小松さんがいうように、マウンドに上がれば上がるほど緊張感は減っていくのだろう。ならば早くベテランになりたい――。極度の「緊張しい」だったぼくは、そんなふうに考えていた。

日本中の猛者がしのぎを削るプロ野球界には、まったく緊張せずにマウンドに上がれる「変人」がいるらしい。だがほとんどの投手は、多かれ少なかれ緊張するものだ。ぼくは、かなり症状が重い部類だった。

緊張のパターンは、だいたいいつも決まっている。

試合前日は、不思議とよく眠れる。不安がないわけではないが、「いま悩んでも仕方ない。明日起きてから考えればいいか！」

そう思うと、すぐに眠りにつくことができた。で、実際に翌朝、目が覚めた瞬間から重苦しい時間が始まる。

「ああ、今日登板するのか……。やだなあ……」

そんな思いにとらわれて、心と身体が重くなってくるのだ。

逃げたい気持ちを抑えて球場に行く。すると心と身体は軽くなるどころか、ますます重たくなってくる。

勝負ごとでメシを食っているのだから、重苦しい気持ちは押し殺して、堂々と振る舞うべきなのだろう。だがぼくには、それができなかった。自分では隠しているつもりでも、周りにはバレバレだったらしい。

ぼくはキャリアのほとんどを、予告先発がない時代にプレーした。だが、付き合いの長いチームメイトやスタッフは球場に来たときの様子から、「今日は昌さんが投げるんだ」とわかったらしい。それくらい、緊張感が表情や振る舞いに表れていたのだ。

いったいぼくは、なにに緊張していたのだろう。

答えはひとつ。恥をかくことだ。

「初回から滅多打ちされて、アウトひとつも取れないんじゃないか?」

「ストライクが入らなくなって、みんなに迷惑をかけるんじゃないか?」

考えようとしなくても、勝手に試合のことが頭の中に浮かんでくる。しかもその中では、際限なく最悪のイメージが次から次へと湧き出てくるのだ。

今回は素晴らしい仕上がりになったと思えたときでも、登板日になると気がつけばネガティブなイメージにさいなまれていた。

この悩みは、引退するまで消えることがなかった。小松さんの話を聞いて、「そうか、プレッシャーは経験で解消できるのか」と思ったが、そんなことはなかったのだ。

駆け出しのころはともかく、2年連続最多勝に輝いたときも登板日がいやでいやでたまらず、それは42歳で200勝を達成しても変わらなかった。

いつのころからか、アスリートたちが「プレッシャーを楽しむ」というようになった。「楽しむなんてできるのか?」と思っていたが、ぼくも一度だけ試合を楽しもうとしたことがある。

あれは東京ドームでの巨人戦。立浪和義さんが「昌さんは緊張しすぎだから、今日は楽しんでいきましょう」と声をかけてきたので、ちょっとやり方を変えてみたのだ。いつも試合前はじっと動かず、口数も少ないが、このときだけはリラックスして仲間と談笑しながらプレイボールまでの時間を過ごした。

すると、どうだ。連打に次ぐ連打で、瞬く間にノックアウトされてしまった。

このときにぼくは思った。

「マウンドに上がる以上、緊張感はあった方がいいのかもしれない。それなら上手く緊張感と付き合おう」

それなりに結果を出しながら、前人未到の50歳まで大好きなプロ野球選手を続けられたのは、それができたからだと思う。

世の中では、テレビや本がしきりに「ポジティブになれ」と訴えている。そんな言葉を耳にするたびに、「ポジティブになれない自分」に嫌気がさしてしまう人も少なからずいると思う。このぼくがそうだったように。

だが、極度の緊張しいも悪いことばかりではない。思えばぼくがだれよりもまじめに、小さな努力を重ねてきたのは、ネガティブな思考が通常営業になっていたから。頭の中に悪いイメージが浮かぶから、それを回避するために一生懸命、練習をしていたのだ。仮に自分がポジティブな性格だったら、ここまできっちりトレーニングを続けられたかどうか。

変われない自分を嘆くなら、変われない自分を受け入れる。

それはひとつの道だと思う。マイナス思考、大いに結構。マイナス思考の自分を受け入れることで、先回りしてマイナスを回避するための準備をするようになるはずなのだ。

最後にもう一度。50歳まで投げ続けた投手は、球界一のマイナス思考の塊だった。

23

「プレッシャー」

いつからだろう、日本のスポーツ界でこんなフレーズが流行るようになった。

「プレッシャーを楽しみたい」

甲子園に出場する高校球児、オリンピックやワールドカップに臨むアスリートが、判で押したように口にする。

本番になると緊張して身動きできなくなってしまうぼくには、「とてもじゃないけど無理」なのだが、実際には楽しめる人もいるのだろう。日本人ではないが、ウサイン・ボルトなんていつだって余裕綽々《しゃくしゃく》で走っていた。

ただ、それはひと握りの天才に限ってのことだろう。こんな言葉が流行るのは、ほとんどのアスリートが大舞台に緊張して、力を出し切れないという現実があるから、というのがぼくの見立てだ。楽しむことは至難の業、だから楽しまなきゃ、楽しまなきゃ……と暗示をかけているのだ。

「プレッシャーなんて楽しめるわけがない」

東京ドームでのノックアウトを機にそう割り切ったぼくは、楽しもうとするのではなく、緊張を受け入れるようにした。緊張するのは当たり前。その中で自分をどう表現するかを考えるようにした。

「ああ、また緊張している。いかん、いかん……」

そう思うようでは、自分の力は出し切れない。

「うん、今日も緊張しているぞ。いつもどおり、悪くないぞ」

モノは考えよう。こっちの方が前向きになれると思ったのだ。

緊張を悪いものではなく、いつもそこにあるものとして捉える。この発想は思わぬ収穫をもたらした。

緊張を怖がっていた若手のころ、絶対に落とせない大一番を任されると、さらなる緊張に襲われて地に足がつかなくなっていた。だが考え方を変えてからは、大一番だからといって特別に緊張することがなくなっていったのだ。

緊張感をざっくりと数値化して考えてみると、わかりやすい。

一般的な投手の緊張度が70あたりだとすると、ぼくの緊張度はいつも90から95あたりだった。みんなより通常値が高くて、マックスに近い。だがぼくがよかったと思うのは、数値は高かったが、その中での波が少なかったということだ。

平均が90だとすると、日本シリーズのような大一番でもぼくの緊張度は95になるくらい。「今日は少し緊張しているかな」という感覚だった。通常70の投手に比べていつもマックスに近いから、急に値が跳ね上がって頭の中が真っ白になるようなこともなかった。

こんなことを書きながら、ぼくは日本シリーズで一度も勝ち投手になったことがない。そんなぼくの言葉は説得力に欠けるかもしれないが、実際に日本シリーズでも緊張感はレギュラーシーズンの登板と大差はなかった。このことは断言できる。

プレッシャーを楽しむなんて、だれにでもできることではない。楽しもう、楽しもうと思って硬くなるくらいなら、楽しもうなんて考えない方がいい。

まずは緊張した自分を受け入れて、そこから「じゃあ、どうしようか」と考えてみる。この方が、よっぽど地に足がついていると思いませんか。

24

「抑え」

２０１７年、プロ野球界に偉大な記録が誕生した。往年の名投手、米田哲也さんが持つ９４９試合という最多登板記録を、ドラゴンズの岩瀬仁紀投手が破ったのだ。シーズン終了時点で、記録は９５４試合に更新された。前人未到の１０００試合登板は現実的な目標だろう。

岩瀬投手というと長年、一緒にドラゴンズの投手陣を支えてきたよきチームメイトであり、ぼくの恩師である小山裕史先生門下の弟弟子でもある。いわば同じ釜の飯を食べた仲間であり、記録達成はわがことのように嬉しい。

６２６試合先発登板というプロ野球記録を持つ米田さんと、リリーフ専門の岩瀬投手を比べると、通算投球回数は大きく異なる。米田さんの５１３０イニングに対して岩瀬投手は９５０イニング。これだけを見ると、岩瀬投手が効率よく記録を達成したように見えるかもしれしれないが、もちろんそんなことはない。

リリーフ投手というのは、想像を絶する過酷な任務だ。登板するのは、神経が磨り減る試合の最終盤。チームの勝利、仲間の勝ち星を消せないというプレッシャーの中で、集中力の高まった相手打線に対峙しなければならない。

多くの場合、勝ちパターンで投げるため、勝って当たり前、負けたら敗北の責任を一身に背負うことになる。2試合続けて打たれようものなら、ファンやメディアから限界説がささやかれる。気の毒になるほど、厳しい環境で投げているのだ。

付け加えると、リリーフ投手はいつ出番が来るかわからない。いつも万全の準備をしておくのは当たり前。これは出番がないときでも、試合に出ているようなものだ。この過酷さは経験者でなければわからないだろう。

リリーフ投手には、心身両面でのタフネスが要求される。ぼくにはちょっと無理だろう。というのも、いままで書いてきたように、ぼくは球界きっての「緊張しい」だったからだ。

実際に岩瀬投手は、見かけによらず恐ろしく気持ちが強い。前夜、リリーフに失敗していても、顔色ひとつ変えずにマウンドに向かう。自分は抑えのプロフェッショナル、痺れるような局面に出て行くのが当たり前だと割り切っているのだろう。ぼくはそんな頼もしい後輩を見て、偉いな、見習わなきゃと思っていた。

ドラゴンズはリリーフ投手の殿堂といっていいくらい、代々優秀な抑えがいる。

1974年、初代セーブ王に輝いたのは星野仙一さんだったし、2年後に生まれた最優秀救援投手でも鈴木孝政さんが初代受賞者となった。以降、牛島和彦さん、郭源治さん、与田剛さん、宣銅烈《ソンドンヨル》さん、エディ・ギャラードさんと錚々《そうそう》たる投手たちが抑えの重責を担ってきた。

登板日の緊張が嫌いでたまらなかったぼくは、こうした先輩たちに緊張しない秘訣をよく尋ねていた。その中で印象深かったのが、牛島さんの答えだ。

「俺だってマウンドに向かうときは緊張するよ。でも出番が来る前から緊張していたら、俺たちリリーフ投手は1シーズン戦えない。だから、俺は名前を呼ばれるまではリラックスして過ごすことにした。コーチから、ウシ行くぞといわれた瞬間、緊張するのはわかっているんだから」

まだ駆け出しだった自分は、この言葉からふたつのことを学んだ。牛島さんクラスの実力者になると、オンオフの切り替えが上手いということ。そしてもうひとつは、いたって当たり前のこと。牛島さんクラスでも、マウンドに上がるときは緊張するんだということだ。

この言葉を聞いて、ぼくはちょっと気持ちが楽になった。

（マウンドに上がるときは、緊張していてもいいんだ）

牛島さんに、緊張しすぎる自分を肯定してもらったような気がしたからだ。

緊張感は、ここぞという場面で力を生む。大切なのは緊張感を消すのではなく、どう制御するかなのだ。恐らくは岩瀬投手も、緊張感の切り替えと制御が抜群に上手いのだろう。そうでなければ、あれだけ長くリリーフは務められない。

そうそう、抑え投手からのアドバイスということでは、鈴木さんからもいい言葉をいただいた。

「引退したら、こんな緊張感は二度と味わえないんだから、たくさん経験しておきなさい」

実際にユニフォームを脱ぐことになって、ぼくは鈴木さんの言葉を噛みしめている。

脂汗が出てくるような登板日の緊張感が懐かしく、もうあれを味わえないんだと思うと、一抹の寂しさをおぼえるのだ。

そしてもうひとつ、「こんな緊張感はないよ」という言葉は嘘ではなかった。引退後、人生初めての講演会をやることになり、ぼくは大丈夫か!? と大いに焦った。だが、その緊張感も現役時代の登板日に比べると、なんということもなかった。

物事は経験するに限る。逃げたい逃げたいと思いながらマウンドに上がり続けるうちに、ぼくは少しずつプレッシャーを受け入れられるようになったのだろう。

㉕

「持たざるを受け入れる」

自分の人生を文章にしてきて、改めて思うことがある。

それは思考がずいぶんネガティブだなあ、ということだ。

若手時代はクビを恐れてばかりいたし、ベテランになってもプレッシャーが耐えられなかった。そして日々の練習がつらくてつらくて仕方ない……。

重い荷物を背負って、険しい坂道を登っていくような人生。なんだかとても大変そうだ。でも周りの人々には、そんなふうには見えないらしい。

「昌さんはいつも笑顔でポジティブですよね」

「なにをやっていても楽しそうでうらやましいです」

長年付き合っている人にも、初対面の人にも、そんな声をかけてもらえることが多い。

それは現役時代も同じで、山﨑武司や立浪和義から「昌さんはいつもプラス思考でいいですよね」なんてよくいわれたものだ。他人の気持ちを知らずに、いい気なものだ。ぼくはいつだって滅多打ちの恐怖に打ち震えながら投げていたというのに。

いつも崖っぷちに立ってヒーヒーハーハーいっているのに、どうしてそれが周りには明るく前向きでポジティブに映るのか。

思い当たる節がないわけではない。

自分を振り返ってじっくりと考えてみると、ぼくには定番となっている思考のパターンがあった。

マウンドに上がるときをはじめ、なにかを任されたときは大抵こういうメンタルになる。

「こんなダメな自分で、果たして大丈夫だろうか、ヤバいなあ、自信ないなあ……」

最悪のことを想定して、心のグラフは果てしなく下降していく。でも、落ち切ったところで終わらないのが、ぼくのいいところかもしれない。

「ああ、もう逃げも隠れもできないんだから、やるしかないか！　やるぞやるぞやるぞ！」

腹をくくったところから、なぜか勇気が湧いてくるのだ。そして恥も外聞もなく、自分をさらけ出して必死に投げる。序盤に打ち込まれて大量失点しても、マウンドに立たせてもらえる限りは全力で投げ続けた。だって初回で

5点取られたって、逆転してもらえることがあるんだから。

恐らく生来の自己評価の低さが、思い切った割り切りを生んでいたのだろう。いつも最悪を想定しているから、上手くいっているときも必死だし、結果が出ないときも折れずに続けられるのだ。上手くいって当たり前とは考えられないので、失敗したところでびくともしない。腐ったりもしない。やるしかないのだから、くよくよせずにやる。そんなところが前向きに見えるのだろう。

打ち込まれてチームに迷惑をかけてしまったら、それはもう仕方がない。

「ああ、やっぱりぼくはまだまだ実力が足りないんだ」

素直にそう思って、また努力をする。これは雑草の強さかもしれない。

いいときも悪いときもあったが、ぼくの現役時代は基本、この繰り返しだった。「ヤバいなあ、自信ないなあ……」で32年も大好きなプロ野球界にいられたのだから、ぼくにはこれが正解だったのだと思う。

世の中、才能があって自信満々の人なんて、そうはいない。才能も自信もないのは当たり前のことなのだ。それを当たり前として受け入れたところから、道は拓かれていくのかもしれない。

26

「カープの習慣」

だれよりも長く現役選手をやっていたから、勝つチームの条件というのはぼくなりにわかっているつもりだ。それは結果を出す組織の条件にも通じると思う。

例えば昨シーズン、2年連続8回目のリーグ優勝を果たした広島カープ。クライマックスシリーズではDeNAベイスターズの勢いに呑まれたが、レギュラーシーズンは2位の阪神タイガースに10ゲーム差をつける独走だった。ぼくは彼らの強さが、もうしばらく続くと考えている。

では、カープはなぜ強いのか。これは当たり前のことだが、なによりもまず戦力が充実しているからだ。

投打ともに、選手層はリーグ随一といっていい。

投手陣では前年、沢村賞に輝いたジョンソンが故障で大きく出遅れた。だが、岡田明丈、薮田和樹、大瀬良大地が独り立ちして、その穴を埋めて余りある働きを見せた。ブルペン陣もジャクソン、今村猛、一岡竜司、中崎翔太、中田廉という鉄壁の5人衆がフル回転。ほとんど隙がない。

打撃も相変わらず活発だ。2017年のチーム打率、チーム本塁打はそれぞれ2割7分3厘、152本。どちらもダントツの数字だ。

このようにカープには、しっかりと数字を残している優秀な個人がたくさんいる。加えて年齢的なバランスもとてもいい。

だが、独走の秘訣はこれだけではない。いいバッター、いい投手を並べて勝てるほど、野球は簡単ではないからだ。

カープを取材する中で、ひとつわかった事実がある。それは1番田中広輔、2番菊池涼介、3番丸佳浩、この3人にはほとんどサインが出ていないということだ。

つまり「走りたいときに走りなさい」「エンドランはタイミングが合ったら自由に」ということ。ベンチがいちいちサインを出さなくても、首脳陣の思惑を汲みとってプレーできる打者が揃っているのだ。こういうチームは強い。監督やコーチがいちいち指示しなくても、一人ひとりがチームの勝利のために最善のプレーを選択し、実践することができるからだ。

野球はチームスポーツだが、プロ野球は個人競技の側面も無視できない。選手は個人事業主。チームの勝利も大切だが、個人としていい数字を残さなければいい条件で契約してもらえない。

チームの勝利か、それとも個人の成績か。

優先されるのは、もちろん前者だ。野球はチームスポーツであり、球場に足を運ぶファンが期待するのはチームの勝利に他ならない。

だが勝てないチームになると、このチームと個人のバランスが崩れる。「俺が」という意識が強くなり、チームバッティングが疎かになるからだ。こうなるとチャンスを逃すケースが増え、ベンチのムードも悪くなっていく。

こうした悪循環を防ぐために、ベンチは細かくサインを出し、チームバッティングを指示することになる。だが、指示がなければチームバッティングができないというのは、一流ではないだろう。

カープでは1、2、3番に限らず、チームバッティングの精神が浸透している。そのいい例がベテランの新井貴浩。無死、または一死2塁という場面で、彼はきっちりと右方向に進塁打を打つ。頭の中では「俺が決めたい」と思っているかもしれないが、きっちりとチームバッティングをする。セカンドゴロを打つと、打率は下がる。それでも当然のように右に打つのだ。

こういうベテランがいると、中堅や若手も自然とチームバッティングを心がけるようになる。サインで縛らなくても、進んで右方向に打つ。こういうことができるチームは、あらゆる場面で勝利から逆算して早めに動けるようになるものだ。

160キロの剛速球を投げたり、難しいボールをヒットにするのは才能だ。努力で伸ばすことはできるが限界もある。だが一方で、勝利のために先回りして動くことは習慣だ。これはだれでも身につけられる。

いい選手は一代。移籍や引退でいなくなれば、チーム力は落ちる。だが、習慣は人が代わっても継続できる。いまのカープは、いい選手たちがいい習慣を身につけ、次世代に伝えようとしている。ぼくがしばらく強いと思うのは、そのためだ。

撮影：小池義弘

2017 年、２年連続８回目のリーグ優勝を成し遂げた広島カープ。彼らの強さの源泉はチームと個人の「いい習慣」にある。写真はリーグ MVP に輝いた丸佳浩。

27

「畑を耕す」

いい選手たちがいい習慣を行なう——。

これがぼくの考える、勝つチームの条件だ。

落合博満監督時代のドラゴンズは、8年間でリーグ制覇4度、加えて一度もBクラスに落ちなかった。常勝軍団と呼ばれた当時のチームにも、もちろんこの条件は当てはまる。

このときのドラゴンズを象徴するのが「アライバ」、昨年2000本安打を達成した荒木雅博と、巨人でコーチを務める井端弘和さんの1・2番コンビだ。二遊間の華麗な守りで知られたふたりは、打撃ではカープの1、2、3番のようにサイン要らずで確実にチャンスを作り出していった。監督やコーチが口酸っぱく指示を出さなくても、やるべきことを確実にやる。味方にとっては頼もしい、敵にしてみたらとても嫌らしいコンビだった。
1、2番のアライバがチャンスメイクし、福留孝介とタイロン・ウッズが返すというのが得点パターン。首位打者争いの常連だった福留も、ここぞという場面ではチームバッティングに徹していた。このあたりが当時のドラゴンズの強さの源泉だったと思う。

もちろん、強みは打線だけではない。ドラゴンズというと好投手がコンスタントに育つ伝統がある。

2000年代から振り返っても、落合英二、野口茂樹、川上憲伸、岩瀬仁紀、吉見一起、チェン・ウェイン、浅尾拓也、大野雄大……。

こうして名前を挙げていくと、その充実ぶりが改めて実感できる。投手陣が安定していたからこそ、ナゴヤドームの広さを生かす野球ができたのだ。

さて、いい選手が育つチームと育たないチームの差は、いったいどこにあるのだろう。

これは苗と畑の関係に置き換えるとわかりやすい。いい苗を仕入れても畑が悪ければ大きく育つ保証はない。反対に苗はそこそこでも、畑がよければ大きく育つケースもある。このぼくがいい例だ。無名の高卒左腕が飛躍できたのも、いい畑に恵まれたからだ。

自分のことはともかく、ドラゴンズの投手畑から代々いい作物が育つのはなぜか。それは優れた理論が蓄積されているからだ。

例えばだれかが不調に陥ったとき、「そういえば○○さんが、こんな調整をして復活したよ」といった的確な解決策がポンと出てくる。個々の創意工夫の結果が、きっちり体系化されて伝えられているのだ。こういう蓄積があれば、選手が不調に陥ったり、故障に見舞われたときに、無駄な回り道をしなくて済む。これはとても大事なことだ。

ドラゴンズの畑には、もうひとついいところがあった。それは選手を誤った方向に行かせないというところだ。

ぼくの若手時代に比べると、いまのプロ野球界は全体練習の割合が減った。つまり、自分で考えたトレーニングをする時間が増えているのだ。

選手が自主性を持ってトレーニングする。

こう書くと、とてもいいことのような気がするが、実はそうとも限らない。ついつい手抜きをしたり、誤ったトレーニングに没頭する選手もいるからだ。そんなときドラゴンズでは、「ちゃんとやろうよ」とか「こうした方がいいんじゃない?」などと選手同士で言い合える、自由な空気があった。いいトレーニングをする選手が多いほど、チーム力は確実に上がっていく。

手前みそになるが、ぼくも投手陣の〝長老〟として畑作りにひと役買った自負がある。

ラジコンと出会ってメカニズムの面白さに目覚めたぼくは、小山先生との出会いもあり、身体の動きを徹底的に研究した。いままで「こんな感じ」で済ませていたところを、「こういう仕組みになっているから、こう動かすのが理に適っているんだ」と一つひとつ確かな理論を積み上げていった。また、そこで得た知識を独り占めしたりせず、積極的にチームメイトに伝えようとした。

プロ野球選手は個人事業主、チームメイトはライバルでもあるのだから、そこまでしなくてもいいんじゃない？　と思われるかもしれない。だが、そんなことはない。ぼくは与えるばかりではなく、仲間から多くの知識や情報を仕入れていた。ギブ&テイクで互いに刺激を与え合うのが理想的だ。

人間には生まれつきの資質がある。だがスポーツも勉強も仕事も、それだけでは決まらないのが面白いところだ。スポーツ界にも、いいチームやいい指導者に巡り合うことで、並の選手が飛躍を遂げたケースはよくあるものだ。

つまり、畑次第で苗は変わる。いい畑に育てられた、このぼくがいうのだから間違いない。

家族も会社もスポーツも畑次第。畑はみんなで耕しましょう。

28

「いまどきの若者は」

ぼくには嫌いな言葉がひとつある。

新入生や新入社員が先輩、上司から浴びる、「いまどきの若者は……」というフレーズだ。

この言葉、ぼくは一度も口にしたことがない。というのも、生まれる年は自分では選べない。それなのに年齢だけでだれかを批評するのは、理不尽だと思うからだ。

いまどきの若者は……ぼくにいわせると、とてもしっかりしていますよ。まず、礼儀ができていて、言葉遣いや態度がきちんとしている。肝心の野球の技術にしても、間違いなくレベルアップしている。ぼくのころと、いまの高校球児とを比べると、球速でも球種の数でもまったく及ばない。140キロのストレートを投げる高校生は、いまや珍しい存在ではない。

なぜ、いまの若者の方がレベルが高いのか。それは情報量が飛躍的に増えたからだ。転機は1995年、野茂英雄さんがメジャーリーグに挑戦したことで、アメリカの情報が押し寄せてきた。さらにインターネットの普及が、この流れを加速させる。

「いまどきの若者たち」は、この変革期の真っ只中で野球をしてきた。だから、効率のいい練習法を知っているのだ。

そんな若手たちと、ぼくはできるだけ接点を持とうとした。

ベテランになればなるほど、若手とは自然と距離ができてしまうものだ。若手が近寄りがたいと思うのは当然のこと。そこでこっちがふんぞり返っていたら、なかなか接点はできないだろう。

そこでぼくは、自分から若手たちに歩み寄った。元々、孤高にはなれないタイプなのだ。少年時代はやんちゃ軍団の常連だったが、自信がなかったせいか自分から主張することはできず、いつも声の大きな親分肌の友達にくっついていた。それにひとりでいるより、みんなで楽しくワイワイやるのが性に合っていたのだ。

さて、ドラゴンズの春の二軍キャンプには恒例行事がある。最初の休日の前夜に行なわれる、新人歓迎食事会だ。これを仕切っていたのがぼく。練習上がりに新人たちを連れてレストランに行き、そこでの食事が終わると宿舎近くのカラオケに寄って、楽しい時間を過ごす。こういうところで距離を縮めておこうとしたのだ。

また現役時代のぼくは、プロ野球の選手名鑑を枕元の友にしていた。チームメイトはもちろん、同じプロ野球界にいる同業者について知らないことがあるのがなんだか気持ち悪いのだ。こういうところでも、ひそかに若手たちとの距離を縮めていた。

ぼくには寝る前に選手名鑑に目を通す妙な習慣があって、あっという間にチームメイトや他球団の選手の略歴を憶えてしまう。だれとだれが同じ高校で、だれとだれが同期入団で、またたれとだれが甲子園で対戦したか……。チームメイトと雑談していて、「なんでお前、そんなこと知ってるんだ」と驚かれたことは少なくない。このあたりは、解説業でも役に立っているかもしれない。人生、無駄はないものだ。

端的にいえば、ぼくは人に対する興味、好奇心が強いのだろう。若手を見ると、この興味、好奇心がムクムクと湧き上がってくる。彼らが、自分の知らない世界を見ている可能性が高いと思うからだろう。

だからぼくは、若手たちと積極的に付き合うようにしていた。一緒に時間を過ごす中で、知りたいことを率直に尋ねる。

どうやって、これだけの球速、球種を身につけたのか。

高校時代、どんなトレーニングをしていたのか。

オフはどんなふうに過ごしているのか。

若手から根掘り葉掘り聞き出して、これはいいんじゃないかと思ったものは素直に取り入れようとした。

日本という国は上下関係が重要で、そのためだれかがなにかを意見すると、肝心の意見の中身より、だれが発言したかということに重きが置かれることが多い。いいことを話しているのに、発言者が若いというだけでスルーされたり叩かれたりするのは気の毒なことだ。スルーしたり叩いたりする側もいいものを無駄にしてしまうことになる。もったいない。

これは実績を残した人が陥りやすい、落とし穴だ。

実績があるとプライドが高くなり、知らず知らずのうちに近寄りがたい空気が出てきてしまう。いいものも却下したくなってしまう。ぼくは幸い、そうはならなかった。いつまで経っても、自分に自信が持てなかったことが幸いしたのだろう。カリスマ性とは無縁。そのため、実績のない若手の言葉にも素直に耳を傾けることができた。

最後にもう一度。

いまどきの若者は……自分が知らないものを持っているかもしれない。年齢だけを理由に、若者を遠ざける理由はどこにもないのだ。

29

「ラジコン再開」

ユニフォームを脱いだぼくが、野球に代わって始めたものがある。それはラジコン。キャリアの晩年、勝てなくなって完全に封印した趣味を、14年ぶりに再開させたのだ。

ラジコンはあくまでも趣味のひとつ。とはいえ一度のめり込んだら、とことん突きつめなければ気が済まないのがぼくの性分。解説、講演会といった忙しい日々の合間を縫って、せっせとサーキットに通う日々が始まった。

これは多くの媒体で紹介されていることだが、ぼくのラジコンは玄人はだしで、かつて全日本選手権4位に輝いたこともある。今回もやる以上は、トップレーサーたちと痺れるような勝負を繰り広げたい。そんな思いがあって2017年、久々に全日本選手権にエントリーした。

ぼくのラジコン界復帰は、〝戦友たち〟の間で話題になっていたらしい。

「ブランクがあるといっても、昌さんは絶対に大会に間に合わせてくるよ」

嬉しいことに、そこそこ警戒されていたようだ。

だが、久々の全日本はほろ苦い結果に終わった。50人中39位！　ほろ苦どころか大惨敗だ。かつて2千人中4位になった、このぼくが……。このときの悔しさは、いまでも腹の底にグツグツとくすぶっている。

もちろん、復帰してすぐに上位に行けるほどラジコンは甘くない。

トップクラスのレーサーたちは週末になると一日中、サーキットで過ごしている。平日も学校や仕事が終わったあとにサーキットに足を運んだり、自宅でも調整に励んでいる。

そんな彼らに比べて、ぼくは圧倒的に練習量が不足していた。平日も週末もなく解説や講演会で東奔西走しているため、サーキットで一日中ラジコンに没頭している時間がない。これではブランクを埋めることは難しい。

だが、練習不足より大きな敗因がある。それはラジコンの進化だ。

ぼくが全日本の上位にいたころといまとでは、車体の素材が大きく変わった。それにともない、レースそのものが劇的に変わったのだ。

例えば、バッテリーの進化は見逃せない。かつて車体に搭載されるバッテリーはかなり大きく、しかも持続力に課題があった。

ブレーキを多用し、加速と減速を忙しく繰り返すような走法では、バッテリーが切れて完走できない。そのためかつてはブレーキを極力使わない、コースを一筆書きするような滑らかな走行が主流だった。ぼくも美しいコース取りにこだわって、技術を磨いてきたつもりだ。

ところがバッテリーが軽量化し、しかも長持ちするようになったことで、一筆書き走法は過去の遺物となった。フルスピードでコーナーに飛び込み、急ブレーキをかけ、そこからまた一気に加速していく。そうした激しくダイナミックな走行が有利になった。ぼくは時代の進化に取り残されてしまったのだ。

一筆書き世代のぼくからすると、この変化は残念だが受け入れるしかない。勝負を度外視して、美学に執着しても意味はない。勝負する以上、ぼくは勝ちたいのだ。

過去の実績があるといっても、浦島太郎のようなぼくがラジコン界で上位に返り咲くのは簡単ではないだろう。ちなみに39位に沈んだ全日本で優勝したのは、中学生だった。そう、ラジコン界にも〝藤井聡太四段〟は出てきている。世代交代の波が押し寄せているのだ。

だが、ぼくにも意地がある。悪あがきと思われるかもしれないが、時代の波に存分にあらがってやろうと思っている。

考えてもみれば、ぼくは50歳までプロ野球選手をやってきた。次々と出てくる若い世代と対等に勝負できたのは、古い知識に縛られず、新しい知識を貪欲に吸収して、環境の変化に対応したからだ。今度はそれを、ラジコンでやればいい。そう思うと、うん、なんだかできそうな気がしてきたぞ！

ラジコン界復帰にあたって、ぼくはひとつの決断をした。《山山杯》の復活だ。

これはドラゴンズ時代、チームメイトだった山﨑武司と始めたラジコン大会。1995年に立ち上げ、06年のシーズンオフまで10度開催した。

山山杯を再開させたのは、いままでお世話になったラジコン界に恩返しをするため。だが、それだけが目的ではない。本音をいえば、この大会を励みにして39位のリベンジをしたい。また第一線に返り咲きたいのだ。

リベンジへの足がかりというわけではないが、2017年には初めての冠番組「山本昌のラジ魂道場」（フジテレビＯＮＥ）も始まった。セカンドキャリアの只中で、ぼくは本気でラジコンができる喜びを噛みしめている。

そういうわけで山本昌は、ふたたびラジコン界に帰ってきました。長く一緒に戦ってきたベテランのみなさん、そして一緒に走ったことのない若手のみなさん、正々堂々と戦いながらラジコン界を盛り上げていきましょう！

30

「初体験をやってみる」

東海テレビが平日夕方に放送している「みんなのニュースOne」、この番組にぼくはしばしば出演している。それは「シュザイブ とうかい」というコーナー。東海地方の気になる場所、話題のスポットに行ってみて、そこで行なわれていることを体験するという企画。引退直後から不定期で出演させてもらうようになった。

初出演の回のテーマは、忘れもしない「いちごスイーツ食べ歩き」。ぼくとスイーツという、ほとんど接点のない取り合わせだった。もちろん、食レポなんてやったことがない。焼き肉や寿司だったらまだイメージが湧くが、スイーツの食レポである。

「なんでこんな仕事を引き受けるんだよ……」

正直に告白すると、マネージャーに文句をいいたくなった。

ロケ前には、また登板前にも似たいやな緊張感に襲われたが、「失敗したらマネージャーの責任だ」と開き直って現場に向かった。

だが、結果的にぼくは食レポを楽しむことができた。もちろん上出来というわけにはいかないが、「なにもできないまま終わったらどうしよう……」

という最悪のパターンは回避することができた。それどころか、途中からロケを楽しむ余裕も出てきたのだ。

「これはもっとやってみたいな」

そう思ったぼくは番組のスタッフに、こんなのどう？　こういうのは？と思いつくままに提案するようになった。

やりたいことがあったら心の中に溜めておかず、口に出すに限る。するとそれまで単発だったものが、「昌さんといろんなところに行ってみよう」というテーマでシリーズ化されることになった。

いちごスイーツに始まった企画は、焼き肉、ミカン狩り、海釣り、脳ドックと、あらゆるジャンルに広がりを見せている。どれもこれも新たな発見があって面白く、つたないながらも自分のレポート技術が上がっていく実感もある。これはとても励みになる。

この企画をやってみて、つくづく思ったことがある。それは「やってみたらなんとかなる」ということだ。

一般的に人間は、年齢を重ねるにつれて新しいことにチャレンジしなくなる傾向がある。それは年老いて身体が動かなくなるということよりも、頭が固くなっていくからだと思う。

歳を取ると、それだけ過去に積み重ねた経験が増えていく。ぼくの場合なら野球。小学生のころから50歳で引退するまで、ぼくは野球中心の生活を送ってきた。野球中心の生活を送っていると、自然と野球を抜きにした生活は考えられなくなってしまう。その結果、新しいことに足を踏み出せなくなってしまうのだ。

過去に縛られて生きている、といっても過言ではないだろう。いままで野球ばかりしてきたから、野球のない未来を描けなくなってしまうのだ。これは多くの方にわかってもらえると思う。

もちろんぼくはいままでもそうだったように、これからも野球中心の人生を歩んでいきたいと考えている。

解説者として野球の魅力をあらゆる世代に伝えていきたいし、このオフにはアマチュア指導資格を回復して、後進の指導にさらに励んでいきたい。もちろんコーチや監督として、プロ野球の現場に復帰したいという思いもある。

だがここで思うのは、自分は野球で生きていくんだと決意するのはいいが、自分には野球しかできないと考えて、他の可能性をシャットアウトするのはよくないということだ。このことはセカンドキャリアを迎えたみなさん、これから迎えようとしているみなさんに強く訴えたい。

定年になると、やりたいことがなくなって、時間を持て余してしまう方が少なくないようだ。このままではいけないと思ってなにかを始めようとしてみても、「いまさらできないよ」と自分でブレーキを踏んでしまう。それは過去の自分に縛られて、自由に未来を描けないということ。とてももったいないことだと思う。

でも「シュザイブ とうかい」をやって、ひとつわかったことがある。それは、やったことがないことをやってみるのは、ものすごく面白いということだ。未体験のものがたくさんあるというのは、面白いものがまだまだ残されているということ。とても幸せなことなのだ。

きっかけは、どんなことでも構わない。山登りでも釣りでも将棋でも野菜作りでもなんでもいい。なにか面白そうなものを見つけたとき、まずは気楽にやってみてほしい。

初体験をやってみる。きっとそこから、充実したセカンドキャリアが始まるはずだ。

31

「樹液の匂いがわかります」

いきなりだが、ぼくにはちょっと特殊な能力がある。現役時代は明かせなかったが引退から2年、もう公表してもいいだろう。それは……。

山本昌は樹液の匂いがわかるのだ！

横浜で育った幼いころから、ぼくはカブトムシやクワガタ捕りに熱中していた。カブトムシとクワガタの、あの独特のフォルムを見るだけでテンションが果てしなく上がる。

現役時代も、夏場になるとたまにカブトムシを捕りに出かけていた。先発投手は登板間隔があいているので夜中、気分転換も兼ねて秘密のスポットに出かけるのだ。こんなことをしていたプロ野球選手は、恐らくぼくくらいだろう。

長年、カブトムシの採集やオオクワガタの飼育に携わっているうちに、ぼくはカブトムシやクワガタが集まってくる樹液の匂いが嗅ぎ取れるようになった。森の中を歩いていると、かすかな匂いでもわかるのだ。

さて、昨年の夏もカブトムシを捕りに出かけた。プライベートではなく、東海テレビ「みんなのニュースOne」のレギュラーコーナー「シュザイブ」とうかい」でカブトムシを捕りに行くことになったのだ。

このコーナー、いつもはぼくが挑戦者なのだが、この回だけは一応専門家ということで子どもたちを案内することになった。知り合いが「ここは出ますよ」と教えてくれた森に前夜、罠を仕掛け、撮影クルーとアナウンサー、子どもたちを従えて、いざ森へ。

この撮影で、ぼくは久々に本領を発揮した。森の中で、ぼくの鼻は樹液の匂いを嗅ぎつけてしまったのだ。こうなると居ても立ってもいられない。スタッフや子どもがいることを忘れて、樹液の匂いがする方へひとり勝手に歩き出してしまった。

「俺はカブトムシか!?」

我に返って、自分にツッコミを入れるのだった。

「カブトムシ捕れなかったらどうしよう」

前夜はそんな不安も頭をかすめたが、結果的に期待以上の取れ高があった。カブトムシ6匹、クワガタ5匹を捕まえることができたのだ。

ただちょっと残念なこともある。それは11匹すべてを見つけたのが、このぼくだったということ。「さすがは昌さん！」と褒めていただいたが、ぼくとしては自然に接する機会が少ない子どもたちに、獲物を見つけたときの感激を味わってほしかった。

さて、このカブトムシ・クワガタ採集編はいつにも増して視聴率がよく、ちょっとした話題になった。

番組を見た人たちからは、こんな感想をいただいた。

「昌さんが弾けていて面白かったですよ」

「カブトムシを見つけたときの昌さん、子どもみたいでこっちも嬉しくなりました」

こうした感想をいただいて、ぼくはやってよかったとつくづく思った。それは、見ていただいた方に楽しんでもらえたからだ。

ぼくはこの番組を通じて、子どものようにはしゃぐぼくの姿をみなさんに見ていただこうと思っている。

「年甲斐もない」という言葉がある日本では、50歳を過ぎてなにをやっているんだとか、200勝投手のやることじゃない……という声もあるかもしれない。だが年齢や立場に縛られず、やりたいことをやればいいのだ。もっと自由に生きようよ。それがこのコーナーを通じて、みなさんに伝えたいメッセージだ。

そうそう、カブトムシ捕りではこんな面白いことがあった。カブトムシの気配に釣られて、子どもたちとは別方向に歩いていったのだが、そこにはカブトムシの影も形もない。おかしいな、おかしいなと思って辺りを見回していたら、なんと！　ぼくの後頭部にカブトムシがくっついていたのだ。長い間、虫捕りをしているが、こんなことは初めてだ。番組の撮影で頭にカブトムシがくっつくのだから、ぼくは〝持っている〟のかもしれない。

カブトムシで大騒ぎするプロ野球解説者を、子どもたちはどんなふうに思っただろう。

「ああ、こんな面白いおっちゃんがいるんだ。こんな自由な生き方をしてもいいんだ」

そんなふうに思ってもらえたら、なによりだ。

画像提供：東海テレビ

カブトムシやクワガタを見つめる子どもたちのイキイキとした眼差しが、この日いちばんの収穫だった。写真は東海テレビの報道番組「みんなのニュース One」の人気コーナー「シュザイブ とうかい」収録時の 1 コマ（2017 年 8 月 14 日放送）。

32

「応援される存在に」

プロ野球選手は練習が好きな選手と、そうではない選手の2種類に分けられる。ぼくは前者だった。計り知れないプレッシャーがかかる公式戦は、「いま、ドームが停電になってくれればいいのに」と大まじめに願うほど嫌いだったが、練習については逃げ出したいと思ったことはない。

もちろん練習も肉体的、精神的にしんどいときはあるのだが、「自分は幼いころに憧れたプロ野球選手を、いまやっているんだ」という誇らしさや嬉しさが、肉体的なつらさを上回った。

とはいえ高校球児のように毎日、猛練習をしたというわけではない。ぼくに誇れることがあるとすれば、練習を含めた日常生活の中でちゃんと野球に向き合っていたということ。

ちゃんと、というのは次のようなことだ。

例えば練習後に仲間と飲みに出かけても、寮の門限を破るようなことはしなかった。

「2軒目行くぞ！」

「今夜は3軒目に突入だ！」

そんなふうに仲間が盛り上がっても、「じゃあ、ぼくはこのへんで」とほどほどのところで切り上げていた。少々酔って帰宅することはあっても、2キロのダンベルで手首を200回鍛えることは一日も欠かさなかった。

ベンチで荒れ狂ったり、グラブを叩きつけたりしたこともない。序盤でノックアウトされたり、味方がタイムリーエラーを犯したりするとマウンドで激怒したり、ベンチで荒れ狂う投手はいるものだ。だが自分は、一度もそんなことをしたことはない。

もちろん、練習や試合に遅刻したこともない。練習を休んだのも一度だけだ。あれは2013年のオープン戦の時期だった。インフルエンザにかかって動けなくなり練習を休んだが、翌日には元気に復帰した。この一日を除けば32年間、無遅刻無欠勤。これはひそかな誇りだ。

いつでも野球が最優先。そんな生活を続けてきたのは訳がある。

「チームメイトやファンから応援される存在にならなければ……」

という切実な思いがあったからだ。

プロ野球の世界は実力がかなり拮抗していて、ちょっとしたところで明暗が分かれる。年間143試合も行なうが、わずかな差で優勝が決まることだって少なくない。1試合単位で見てもバントや盗塁、四死球といったところで勝敗が分かれたりする。

つまり、野球の勝敗はちょっとしたところで決まる。そこでぼくは、そのようなちょっとしたところでも運を引き寄せたい、と考えるようになった。野球最優先の生活を送ったのは、そのためだ。

ぼくの頭の片隅には、いつも〝野球の神様〟がいた。神様を裏切るようなことはしてはいけない。そうした思いが生活の基本になっていたのだ。

加えてもうひとつ、こんな思いもあった。

いつもまじめに野球に取り組んでいれば、チームメイトやファンが「あいつに勝たせたい」という気持ちになってくれるということだ。

「あいつ、だれよりも練習してきたんだから勝ってほしいな」

チームメイトやファンにそう思ってもらえたら、それはわずかかもしれないが確実に勝利を手繰り寄せる力になるだろう。野球は微妙なところで明暗が分かれるのだから、これは無視できないことだ。

仲間たちに応援される存在になるために、いつもちゃんとやる。大事なことはちゃんとやっている姿をだれかに見せるということではなく、「〝神様〟も含めただれかがいつも自分の行ないを見ている」という意識を持つことかもしれない。そう考えると自然と身が引き締まってちゃんとするものだ。

応援される存在になるために、いつもちゃんとやる。

野球で身につけたこの意識を、ぼくはいまでも持ち続けている。というのも野球がそうであったように、セカンドキャリアで始めた仕事はすべて、周りの協力によって成り立っているからだ。

野球を解説するときには、隣に実況のアナウンサーがいて情報を届けてくれるレポーターもいる。もちろん、表には出てこないが大勢のカメラマンや音声さんも働いている。そういう人たちが、「今日の解説は昌さんか」と思って「楽しみだなあ」とか「がんばるぞ」と少しでも思ってもらえたら、それだけでぼくは心強い。

解説業も講演もロケも、すべてが初めての経験。ぼくは器用ではないから、上手くいかないこともある。だが、それでも一生懸命やる。ちゃんとやろうとする。そうすると自分の力量以上の結果が出ることが多い。それは自分に実力があるということではなく、周りの人ががんばってぼくを助けてくれるからだ。

いつもだれかが背中を見ている。ときどきでいいからそう思うようにしていると、ちゃんとすることが当たり前の習慣になってくる。その結果、自分を応援してくれる人が出てくるものだ。みなさんの応援でここまで来られたぼくがいうのだから、間違いない。

33

「集中力」

天才と呼ばれる人は、ごくひと握り。世の中の大多数の人は、ぼくも含めて凡人だ。しかし世の中では、同じ凡人族でも上手くいく凡人と上手くいかない凡人に分かれてくる。いったいどこで明と暗が分かれるのだろう。

ひとつはかけた時間の差、これは大きいと思う。

例えば試験。同じくらいの資質の持ち主ふたりが勝負したら、より長い時間勉強して試験に備えた方がいい成績を残すだろう。例外がないとはいわないが、費やした時間というものは大抵は嘘をつかないものだ。

ぼくが過酷なプロ野球界で長くプレーできたのも、野球にかけた時間が長かったことが大きい。仲間たちと飲みに出かけても門限には必ず帰っていたし、飲んでも飲まなくても毎晩、ダンベルで手首を鍛えることを欠かさなかった。練習をした時間も長かったし、練習をしていない時間でも頭の中ではほとんどいつも野球のことを考えていた。趣味の時間を除けば、だが。

才能は同じプロ野球選手たちより劣っていたが、野球にかけた時間では負けない。そんな自負だけはあった。

ただ、時間だけがすべてでもない。

かけた時間は嘘をつかないが、反面、いやいやながらやっていると勉強も練習も成果はなかなか出ないものだ。好きこそものの上手なれというが、まさしくそうだと思う。

勉強でもスポーツでもすべてに当てはまることだが、好きなことをやっていると時間の経つのを忘れてしまう。そんな経験はだれにでもあると思う。とりわけ子どものころは。これが最強の状態だとぼくは思う。

好きなことを夢中でやるのと、好きではないことを仕方なくやる。両者が同じ時間取り組んだら、確実に差が出るだろう。

この差は集中力という言葉で説明できる。

先日、世界選手権14回の優勝を誇るラジコン界のレジェンド、広坂正美さんと対談したとき、広坂さんがこんなふうにぼくのことを褒めてくれた。

「昌さんのすごいところは、集中力だと思うんです。ぼくたちレーサーは日々の仕事があっても、週末になると一日中サーキットで調整や練習ができる。それに比べて昌さんは野球で忙しくて、ぼくらほどラジコンに時間を割けない。それなのに全日本のトップクラスまで行けたのは、集中力がすごいからですよ。人並み外れた集中力でラジコンと向き合っているから上達したんです」

神様のような人に褒められて、嬉しいやら恥ずかしいやら……。

しかし自分で考えても、それはあるかなと思う。野球漬けの日々の中で、ちょっとした時間を見つけてサーキットに行く。これがぼくにとってとても貴重な時間で、「いましかできない！」という思いで子どものようにラジコンに没頭していたからだ。

ラジコンに接する時間は実際、全日本でしのぎを削ったライバルたちに比べるとかなり短かったと思う。だが限られた時間だからこそ、ぼくは夢中でラジコンに取り組んだ。この研ぎ澄まされた集中力が、ぼくの技量を大きく引き上げてくれたのだと思う。

プロ野球を引退したとき、ぼくの胸の内には寂しさとともに、「さあ、これからはラジコン三昧だ！」という喜びがあった。

だが、人生は思い通りにいかない。いざ始まったセカンドキャリアはありがたいことに、野球オンリーだったファーストキャリアよりも忙しくなった。

ほとんどサーキットに行く時間がない。

　こんなはずでは……という気持ちもないわけではないが、そこは持ち前の集中力でなんとかしたい。限られた時間が無限の集中力を引き出してくれると信じて。

撮影：土屋幸一

ラジコン界の“レジェンド”広坂正美さんのトレードマークも「笑顔」。ラジコン談義ではいつも、「楽しむこと」の大切さを教えられる。

34

「少年の心を」

子どものころ、両親や周りの大人たちを見ていて、漠然とこんなふうに思っていた。

「果たしてぼくは、この人たちのようにしっかりとした大人になれるのだろうか……」

あれから40年近くが経ったいま、改めて考えてみる。自分は当時思い描いたような大人になれただろうか。

なれていない、というのが正直な答えだ。落ち着きはないし、威厳もなければ分別も備わっていない。実際に周りから「子どもみたいですね」といわれるが、まったく同感である。

子どもみたい――。

こんなふうにいわれたら、「バカにするな!」と怒る人もいるかもしれない。でもぼくは最近、子どもみたいといわれて、むしろ喜んでいる。

自分の人生を振り返ると、ぼくは基本的に同じことばかり繰り返してきた。

子どものころに好きになった野球が商売になり、現役生活を終えたいまも解説者という立場で携わらせてもらっている。ラジコンやクワガタ、車についても前述した通り。子どものころからやっていることを、大人になっても続けている。これはとても幸せなこと。永遠の子ども、万歳である。

ぼくは子どものころから、いろんなものに興味を持つ落ち着きのない少年だった。でも、それはぼくに限ったことではない。子どもは大抵、好奇心旺盛だ。友達の多くも野球に釣り、プロレスに戦国武将と際限なく手を出していた。

子どもというものは好奇心のおもむくままに突っ走り、あれやこれやと手を広げる。「犬が飼いたい」といって大騒ぎしていたかと思えば、翌日には「猫がいい」などといい出したりする。

だが、子どもはそのうちに落ち着いてくる。勉強や部活、さらには社会人になって仕事が忙しくなると、趣味の多くを「卒業」していく。

ところが、ぼくは卒業しなかった。50歳まで現役を続けた野球も含めて、ひたすらしつこく続けている。

それにしても、なぜ自分は続けていられるのだろう。

自問自答を繰り返しても正直、これだという答えは出てこない。これはもう、性格としかいいようがない。どれだけやっても飽きが来ず、いつまでも楽しんでいられるキャラクターなのだ。

こうやって書いているうちに、「子どもみたいですね」という言葉には、うらやましさが込められているんじゃないかと思えてきた。周りの方々はちゃんとした大人として日々の仕事を行なっている。組織の中で、自分を押し殺しながら意に染《そ》まない仕事をしている人もいるだろう。そういう方々から見れば、好きなことをやる、もしくはなんでも楽しんでしまうぼくは、うらやましく見えるのかもしれない。

子どもの強みは、目の前の物事に夢中になれることだ。きっと人生経験が少ないところがいいのだろう。自分がやがて老いていくとか、人生に限りがあるといったことをまったく考えていない。

これが大人になると過去の経験や常識に縛られて、自由に振る舞えなくなってしまう。努力は必ずしも報われないとか、こんなことやって意味あるのかとか、他にやるべきことがあるだろうとか、心の中でたくさんのブレーキが働き、好奇心に任せて突っ走ることができなくなってしまう。その結果、やりたいことではなく、やらなきゃいけないことだけをやる羽目になる。

大人になると、すべてを好きなようやるのは難しい。それでも日々の暮らしの中で、夢中になって好きなことに打ち込む時間は確保しておきたいものだ。ぼくが「この人いいな」とか「こういう人になりたいな」と思う人は、いつも楽しそうにしている。好きなことをやっているから、楽しそうでイキイキとしているのだ。ある意味で子どもっぽい。

そう、子どもっぽい人に惹かれるぼくにとって、「子どもみたい」といわれるのは褒め言葉なのだ。


この本では、プロ野球選手時代の経験を交えながら、始まったばかりのぼくのセカンドキャリアについて書いてきた。いいことが書けたかどうかわからないが、いくつになっても子どものように楽しんでいいんだ――。そういう生き方にちょっとでも共感していただければとても嬉しい。

山本 昌 （やまもと・まさ）

1965年8月11日生まれ
神奈川県茅ヶ崎市出身
188cm／87kg　左投げ左打ち

1984年に日本大学藤沢高校からドラフト5位で中日ドラゴンズに入団。32年に及ぶ現役生活で3度の最多勝に輝き、1994年には沢村賞を受賞。2006年には史上最年長でのノーヒットノーランを達成（41歳）。以降も数々の歴代最年長記録を塗り替え、2008年には通算200勝を達成（42歳）。史上初となる50歳での登板を最後に、2015年に現役を引退。セカンドキャリアでは、野球解説者・スポーツコメンテーター、講演会講師として精力的に活動。ラジコン、クワガタのブリーダー、競馬など趣味の分野でも活躍中。

笑顔の習慣34
—仕事と趣味と僕と野球—

発行日　2018年2月9日　第1刷

著者　山本　昌

発行者　清田名人

発行所　株式会社内外出版社
〒110-8578 東京都台東区東上野2-1-11
電話 03-5830-0368（販売部）
電話 03-5830-0237（編集部）
http://www.naigai-p.co.jp

印刷・製本　日経印刷株式会社

ISBN 978-4-86257-323-0